最高の運命は自分でつくれる

星が教える幸せになれる願いの叶え方

This Is Your Destiny

Using Astrology to Manifest Your Best Life

アリザ・ケリー　島津公美 訳

ダイヤモンド社

THIS IS YOUR DESTINY:
USING ASTROLOGY TO MANIFEST YOUR BEST LIFE
by
Aliza Kelly

献　辞

私のクライアントとコミュニティ、先生とガイドに捧げます。

最も高い山から響きわたり、

最も深い海から波紋が広がり、

沈まぬ夏の太陽のように地平線を焼き付ける。

ありがとう。

ありがとう。

ありがとう。

最高の運命は自分でつくれる　目次

占星術は単なる
実践以上のもの
——壮麗な世界への
入口なのです。
@alizakelly

今ここにいるあなたへ

本書は、誰もがどこにいても意識がきちんと働くようにする方法を紹介しています。
自分の深いところにある真実に沿う道を選べるようにするためのガイドです。
今ここにいて、生きている、その崇高な偶然を大切にするために。
あなたが今ここにいること、それこそがいちばん大事なことです。
ようこそ、占星術の世界に。

アリザ

はじめに――サイレンの歌　パンデミック中の占星術

コロナ禍が始まった当初は、さまざまな緊急事態が起こりました。感染が拡大するにつれて、アメリカ中の都市がかつて経験したことのないロックダウンや隔離に次々と入ったのです。流行が急速に拡大する中、政府は「ステイホーム」を命じました。

ニューヨークの価値は通常、面積ではなく、何ができるのかで語られます。しかし、2020年初めの数か月間、COVID-19はイナゴのように街に群がり、あらゆるものが病魔に覆われました。エッセンシャル・ワーカーたちが古いジャケットや掃除機のフィルターで作ったその場しのぎの防護服を身につけて、セントラルパークで病院のベッドを組み立てる一方、私たち市民はアパートに閉じこもりました。それは私にとって、一夜にしてニューヨークの街が65平米に縮小されたように感じられた出来事でした。そして、そのアパートの一室で、悲痛な叫びを聞いたのです。

もちろん、ニューヨーカーは騒音と無縁ではありません。一日中、私たちは都会のオーケストラのリズムに沿って動いています。街は、若者の叫び声、車のクラクション、重低音の音楽、建設現場の音、暖かい季節にはアイスクリーム販売のトラックが童謡を大音量で流しながら走り回る音などであふれています。

けれども病に襲われた都市は音楽とは無縁で、泣き叫んでいます。そして感染が拡大し、活動が止まると、音が消え始めました。叫ぶ若者も、クラクションや音楽を鳴らして走る車も、鳴り響く重低音も、建設現場の音も消えました。ニューヨークで生まれ育った者として、私は街が奏でるさまざまな音色を聞いてきましたが、2020年3月の街中に響き渡った音は、まったく違っていました。3月末にはサイレンの音だけが残っていたのです。

私のアパートでは、新型コロナの感染が爆発的に拡大していることを告げる通知で携帯電話が1時間ごとに振動していました。感染した住人たちが亡くなっていきます。そして救急車が急増しました。病院にひっきりなしに出入りする白い箱型の車は、長く鋭い嘆きの音を虚空に響かせながら、空っぽの通りを走り抜けていくのです。終わりのないサイレン音が現代の「ミロロギア」[注1]となり、苦しむ街の叫びとなりました。

そして、もう一つの世界としてインターネットがありました。室内に閉じ込められた私たちは、ソーシャルメディアに依存するようになり、それが生命線となりました。感染拡大の初期には、バーチャル空間に集う人々が「新しい常識」に対応しようと躍起になっていました。ソーシャルメディアにはバナナパンのレシピや運動習慣について、そして生産性についての刺激的な言葉があふれていました。例えば、「シェイクスピアはペストの流行による隔離期間中に『リア王』を書いた。あなたはこの期間に何をしていますか？」といったものです。

もちろん、こういう類いのメッセージは長くは残りません。人々はすぐに、恥や罪悪感を抱かせるような言葉は適切ではないと思ったのです。私たちはトラウマを共有し、地球規模の危機にあって意味あることを生み出せるかもしれないのです。ソーシャルメディアはすぐに柔らかな雰囲気に変わりました。休もう、リラックスしよう、回復しよう、と。

けれども、それは私の現実ではなかったのです。私は、苦悩の波動から抜け出し、先の見えない家族の危機（祖母は介護付きの施設に突然、閉じ込められ、そこでクラスターが発生します）を軽くするために、占星術の本を執筆しなくてはなりませんでした。もちろん、執筆できたことにとても感謝しています。そして感染が拡大するにつれ、失業率が上昇し、レイオフ（一時的解雇）や仕事に対する不安が、この手痛い事態に重なりました。これも私の恐怖に拍車をかけました。なぜ、私が？

こうして、本書はまったく異なる世界に生まれ出ました。実は本書の概要は、パンデミック前に出来上がっていました。かつて私は出版の企画案をもって編集者たちに会い、（除菌もせずに）握手をして、マスクをしていない口から「２０２０年の占星術」について不吉な事実をぶちまけていたのです。

２０２０年の占星術で際立っていたのは、一つではなく、いくつもの宇宙的に珍しい事象が、安全、伝統、政府と結びつきの強い、蟹座と山羊座を中心にして起こっていたことです。実際、２０２０年にこの惑星で起こっていたことは、１５１７年秋、マルティン・ルターが自らの説を教会の門に打ち付け、宗教改革の口火を切って以来、５０３年ぶりの出来事でした。

２０２０年を占ったのはコロナ禍が始まる10か月ほど前のことでしたが、パンデミックのまっただ中は5世紀前と同じような状況でした。本書の執筆中には、マスクなしでの外出は時代遅れでした。同じように、私は本書も時代遅れになっていないか、前時代の遺物になっていないかと心配していたのです。すでに内容が時代に合わなくなっているのでは？

私はパニックになっていました。原稿の締め切りがせまっていたのです。私は何も書けずにいたのに、シェイクスピアと『リア王』のことが頭から離れなくなっていました。インターネット上の風説に取りつかれていたのです。何も書かれていない紙を見ると、心がさまよい始め、シェイクスピアの隔離生活についてもっと知りたくなってきました。彼のロンドンのアパートの広さはどのくらいだったのか？ 閉所恐怖症に苦しまなかったのか？ 彼もまた泣き叫ぶギリシャ人に思いをはせたのか？

そして、何より自分の作り上げたものに疑問を持たなかったのだろうか？ あのシェイクスピアは、実存の恐怖にとらわれていなかったのかと気になって仕方なかったのです。彼は、『リア王』にはあまり価値がないかもしれないと心配しなかったのか？

そうして私が知ったのは、次のようなことです。シェイクスピアがペストの流行中に『リア王』を書き上げたのは確かですが、フォーダム大学のメアリー・ブライ教授によれば、彼がこの有名な悲劇をロンドンで書いた可能性は極めて低いということです。教授によると、疫病が流行すると（当時はよくあることでしたが）、身分の高い人は田舎に避難していました。同様に、シェイクスピアも見渡す限り牧歌的な眺望の中、太陽の光にあふれ、救急車などない風景を眺めな

がら、『リア王』を書いたのでしょう。[注2]

しかし、彼が『リア王』を書いた正確な日時ははっきりしていません。当時、疫病の流行は数年ごとに起こっており、シェイクスピアはこの作品をいつ書いたか記録を残していないため、学者は、例えば日食や月食に関するセリフなどを日時を探る手がかりとしています。

ちょっと待って。日食や月食？

そう。その通り。どんな歴史愛好家（や意欲的な高校生）も、シェイクスピアの作品には天体に関する言葉があふれていることを知っています。ロミオとジュリエットは、「悪意ある星に阻まれた恋人」であり、『ヘンリー四世』では火星の逆行が語られます。シェイクスピアの37の戯曲作品では、占星術に関することが数多く言及されています。[注3]さらに、『リア王』（第1幕第2場）における登場人物二人の会話では、典型的な占星術的出来事が語られます。「この太陽と月の食は私たちには不吉な前兆だ」

おそらく寝不足だったこともあるでしょうが、このセリフに出合った時、とても意味深さを感じたのです。私は、「偶然はない」（これについては後述します）という言葉に従うことにしているので、もっとたくさんのことを明らかにしていかなくてはならなくなりました。

最近は、宇宙で何が起こっているかを簡単に知ることができます。インターネットで検索すれば、現在の月齢もすぐにわかるし、火星が逆行しているかも、いつ次の「食」が重要な混乱を示すかも確認できます。どんな時も瞬時に天体の動きを知ることができるのは、星と親しくなる現代的な方法です。人類の歴史の大半では、占星術はスマートフォンではなく、空を直接目で見て発展してきたのです。

食はそれほど珍しいことではありませんが（年に3〜7回起こる）、実際に自分の目で見ること、特に皆既日食（太陽が月の陰に完全に隠れること）は素晴らしい経験です。皆既日食は、限られた地域で、短時間しか見ることができません。皆既日食の道筋にいるということは、大変貴重なことなのです。

太陽と月と地球が一直線上に並んだ時、食は起こります。日食は、月が太陽と地球の間にある時、また月食は、地球が太陽と月の間にある時に起こります。この3つの星が重なることはまれであり、食は年に3回から7回起こりますが、すべての食は同じではありません。何千年もの昔から、皆既食は社会や政治と関連があるとされてきました（例えば1133年の8月2日イギリスに訪れた皆既食は、2年後のヘンリー1世の死去と一致し、そののち政治が不安定になりました）。1598年3月7日には、ロンドンで太陽が月の陰に隠れ、シェイクスピアを含め誰もが何が起こるかを知りたがりました。結局のところ、変化は避けられないものなのです。『リア王』では、伝染病だけでなく、どのように食が進んだかも描かれます。私も同じように、65平米のアパートの暗闇で同様の経験をするとは、驚くべきことです。2017年8月21日には、皆既日食の軌道がアメリカを横切りました。「偉大なアメリカの日食」と名付けられたこの皆既帯は、アメリカのオレゴンからサウスカロライナまで北米大陸を北西から南東に横切る大イベントでした。私はAllure誌の最初の連載コラムに、この大規模な天体の動きについて次のように書きました。

「この驚くべき天体ショー、皆既日食では、太陽の光が2分40秒間、完全に遮られます。しかし、占星術的には、この日食の影響は数分間の暗闇よりもずっと長く続きます。世界を永遠に変えてしまう可能性があります[注4]」


話を戻すと、今、私のPCのデスクトップ画面は、犯罪現場を示すバーチャル掲示板となっています。2017年の「偉大なアメリカの日食」が本当に2020年のパンデミックの前触れだったのか、その手がかりを集めるために天体との関係をたどるのに夢中なのです。もしそうなら、1598年のイギリスでの皆既日食[注5]は1603年のエリザベス1世の死と、シェイクスピアがロンドンから退避し『リア王』を書くことの予兆だったのでしょうか。

たぶん、そうなのです。

しかし、私は他のことも発見しました。この思わぬ時間旅行によって、ずっと以前に自分が月を通じて占星術に初めて導かれた時の感覚——飽くなき好奇心を思い出したのです。何世紀もかけて紡がれてきた占星術は、サイレンもパンデミックも超越しています。私の宇宙とのつながりは、想像と創造、そして不思議で出来上がっていて、星は理解できない風景の中にちりばめられた鏡のようです。意識の不思議な深遠さを映し出すことができるものが、他にあるでしょうか？　力強い回復力や、私たちの互いのつながりの強さを、他に何が映し出せるでしょう。

本書は、占星術とは何かについて書いたものではありません。占星術は何をするのかについて書いたのです。宇宙に基づいて、いかに自分の現実を変革していくのかということです。占星術は壮麗な世界への入口のようなものです。本書は別次元へ旅するパスポートなのです。

さて、皆さんには、今日の世界がどう見えるでしょうか？　今は何年ですか？　あらゆるものが変わってしまったのでしょうか？　甘いメロディーを聴いていますか？　それとも悲痛なサイレン？　それとも静けさに包まれながら、ソファで香りのいいハーブティーを飲んでいるのでしょうか？　すべてが穏やかです。

あなたが次の『リア王』を執筆中か、単にその一日をやり過ごそうとしているか、いずれにしろ宇宙は、あなた自身が定義するものなのです。太陽と月で自分の道を、そして星々や太陽系、さらには銀河やその先のはるか遠くまで照らして、自分がまさに必要なものを無限の知恵をもって、予知してみましょう。この瞬間をあらゆる瞬間に――限りなく。

2020年5月　ニューヨークにて

占星術では
あなたが意識している
ことだけが現実です。
@alizakelly

私のクライアント、友人、親戚のプライバシーを守るため、名前を変更しています。個人を特定できる情報（年齢、職業、地理的な場所など）は匿名性を維持しつつ、物語の流れに沿って適宜変更されています。ストーリーは、多くのクライアントとのセッションを集めて合わせたものです。つまり、私たちのすべてが詰まっているのです。

占星術は
処方箋ではありません。
ものの見方なのです。
@alizakelly

序章

宇宙は動いている

時間に追われる人から見ると、私は時間の使い方がうまいように思えるかもしれません。私はインスタントカメラで写真を撮るように、画像で記憶します。几帳面な人間で、いつもレシートを取っておきます。けれども、ダリの絵のような柔軟な体内時計を持つ、浮世離れした詩人でもあります。計画通りにいかない？　問題なし！　すべては現実ではなく構築物で、人生はスパイラル（らせん）にすぎないのです。これについては後で話しましょう。

この性格は、時に矛盾するように感じられます。結局のところ、私の性格は矛盾しているのです。時間を守ろうとする性格が自由な精神をコントロールしようとし、夢見心地の芸術家魂が私の内なる規律を「ゆるめる」よう導くので、私は不満を感じ、困惑し、それがどんどん大きくなるのです。簡単なことではありませんが、やがて私のこの矛盾する性格は互いを否定するものではないことを学びました。私の中でそれらは共存しています。

こうした二面性は実際に、私の撮ったデジタル写真に表れています。私のデジタルフォトライブラリーには、ある特定の日時をスクリーンショットしようとして何千枚ものほとんど同じ画像が保存されているのです。大事な瞬間を記録しようとする無駄な試みです。なぜなら、それらの画像には脈絡がないからです――タイトルもつけていないし、分類もしていません。自分がどんな出来事を残そうとしたのかさえわかりません。強い感情？　スピリチュアルな突破口？　数秘術的なシンクロニシティ？

論理的な私が説明を求めようとしますが、内なる私が大したことではないと言います。時間を捉えようとすると、相当なアドレナリンが体内を駆け巡ります。スクリーンショットはアナログカメラのフラッシュに似て、スマートフォンのボタンを押すと白く輝き、シャッター音も再現しているところがお気に入りです。

あなたはフィルムカメラを覚えていますか？

最近では、すべてがある種のシミュレーションとなっています。これが、占星術がソーシャルメディアと相性のいい理由です。占星術は古代のミーム（人から人へ伝わる情報）で、宇宙を表しています。小宇宙と大宇宙がともに織り込まれているのです。

「コスモス（宇宙）」という言葉は、もともとギリシャ語の「秩序」と「森羅万象」という両方の意味を持つ「kosmos」から派生しました。文字通り両義的な意味を持ちます。哲学者たちは、すべての有機的なシステム（人間、動物、自然、惑星、星、銀河）が完全な調和に導かれると信じていました。生命がパターンを持ち、無限のフィードバックを繰り返しながら活性化されている様を思い描いたのです。すべて釣り合いがとれ、すべてが周期的であり、一瞬がすべての瞬間で——1枚のスクリーンショットの中に、全存在があるのです。

占星術師はバースチャート（出生図、ネイタル・チャートとも呼ぶ）（表1）を通して、人生をたどります。バースチャートは、誰か（あるいは何か）がこの世に現れた時の空を2次元で表したもので、誕生の日時と場所から計算します。図形やシンボルそして幾何学的な図表で埋めつくされたバースチャートは難解です。

実際、自分のバースチャートを初めて見る人には、象形文字のように思えるでしょう。図像を描くには、まったく異なる言語を使いこなす必要があります。けれども練習を重ねることで、いかにバースチャートが特別なものかがわかるでしょう。それは宇宙への入口、あなたの宇宙への入口なのです。

私は占星術師として、クライアントのバースチャートを読み解くことほど神聖に感じるものはありません。難解なシンボルの中にその人の人生が含まれ、多くの物語が集まっています。占星術についてよくある誤解は、あなたの性格や行動を星が告げてくれるというものです。けれども宇宙は文字通りのものではなく、たとえ話なのです。惑星は確かにある場所に存在しますが、その意味は解釈が必要です。

占星術は、カメラのように見方を変えるための道具なのです。宇宙という広角レンズで、あなたが力強く表現できるようにします。人生のいろいろな次元のスナップショットがわかるのです。文字通り、あなたが自分の複雑な部分を解明するために、多次元的かつ周期的に（直線的ではなく）探る空間を与えてくれます。私は占星術師として、クライアントが現実をより広い視野で見られるように手助けする手法として占星術を用いています。

★

私は占星術は全身で体験するものだと思います。クライアントとの一対一の個人セッション

表1　バースチャートの構造

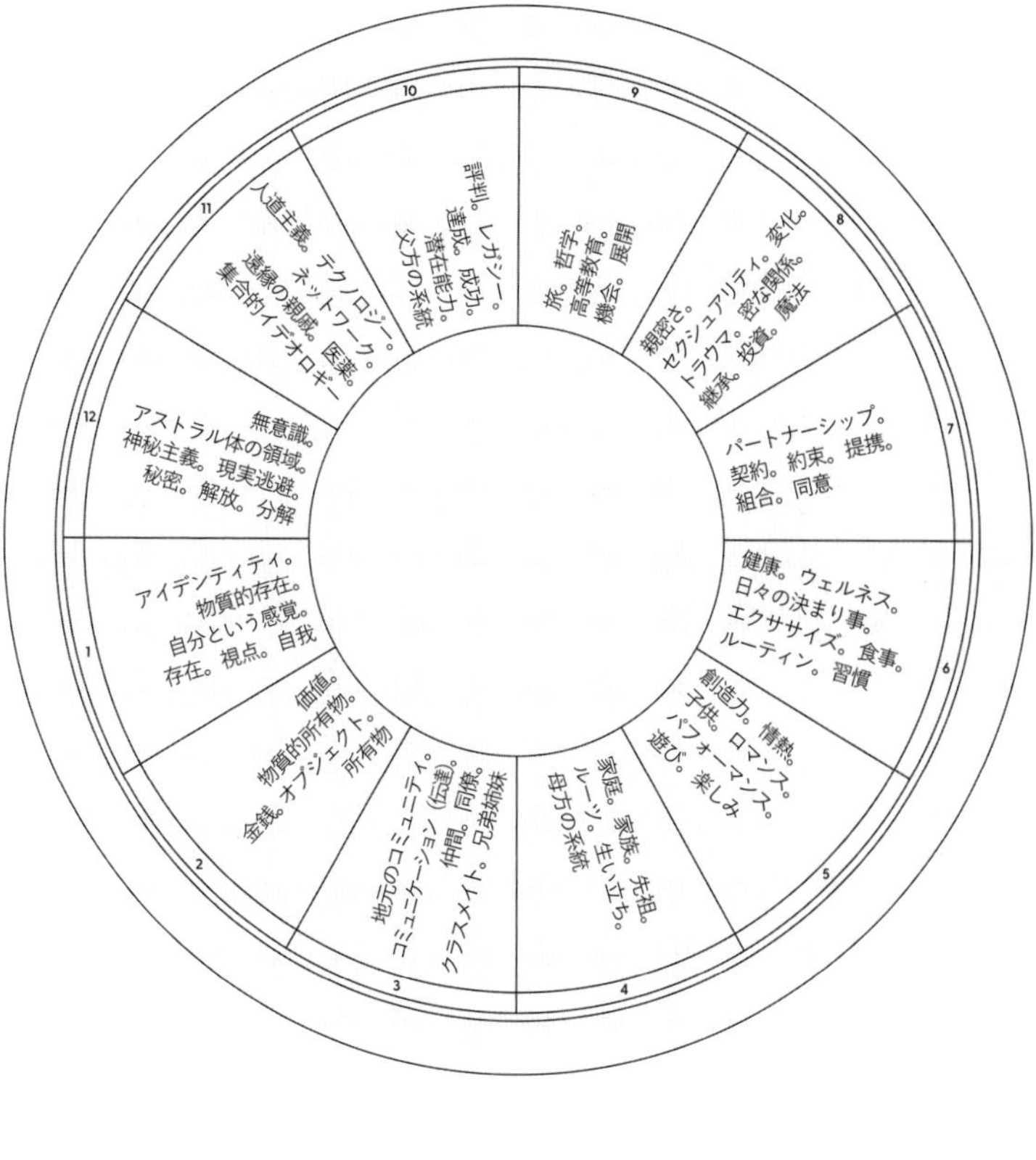

の間、宇宙とのアクセスには私の全細胞にエネルギーが必要で、話を聞き、質問をし、振り返り、解釈する作業を同時に進めます。さらに私たちが真実を、それも完全な真実を話すこと、真実以外は話さないことを確かめるために、私のセンサーは十分にエネルギーが満たされ、完璧に調整される必要があります。

占星術は真実を扱います。私のクライアントは私のように真実を求めているのです。占星術を通して私たちは批判的思考を身につけます。私たちは現実をそのまま受け入れるのではなく、その根源をたどるのです。

そのサイクルはどのように始まったのでしょうか?
なぜそれが存在しているのでしょうか?
それは何を意味しているのでしょうか?

私は何年もの間、何千人ものクライアントを占星術で占うという恩恵を授かったことに深く感謝しています。それぞれの旅は唯一無二ですが、個人セッションをするたびに、私の解釈はより深く豊かに、そしてさらに複雑になっているのです。

それぞれのクライアントの物語はみんなの物語だと気づくにつれ、この背後にあるエネルギー交換のパワーが具体化しました。マトリョーシカ人形のように、私は誰か他の人の物語の中にいます。人々は、星座（サイン）や惑星と同様にシンボルであり、私が何千もの会話を重ねるうちに、さらに大きな知恵が現れ始めました。

こうして私のセッションは変わり始めました。占星術の解釈の限界をさらに広げ、真実を映し出すだけでなく、エネルギーを方向づけるために使ったら、どうでしょう。そして、これらの真実が意図的なエネルギーに変換され、私たちの想定を超えて視野を広げる力を与えてくれるとしたら？　占星術は自己実現の手段になり得るでしょうか？

マニフェステーション（願望実現）は、流行語となり最近よく使われる言葉ですが、定義されることはほとんどありません。これは簡単に説明できない概念だからでしょう。占星術と自己実現のつながりを発見した時、私はマニフェステーションとは何か（そして何でないか）を明確にする必要を感じました。**私のセッションでは、マニフェステーションとは、星の世界と現実世界の間の扉を開け、変化をもたらすプロセスです**（大きさ〔範囲〕についてはのちほど詳細に定義します）（図1）。マニフェステーションには、エネルギー（内なる力）と意図（望む結果）、そして行動（具体的な成果）が必要であり、受け身でいるだけでは起こらないのです。**あなた自身――あなたの自由意志、あなたの働き、あなたの粘り強さが、マニフェステーションを引き起こすのです。**

大事な点は、マニフェステーションは指を鳴らすように一瞬ではなし得ないということです。それは魔法であり、奇術ではないのです（魔法はチャネリングとエネルギーを向ける術で、奇術

図1　願望実現のフロー

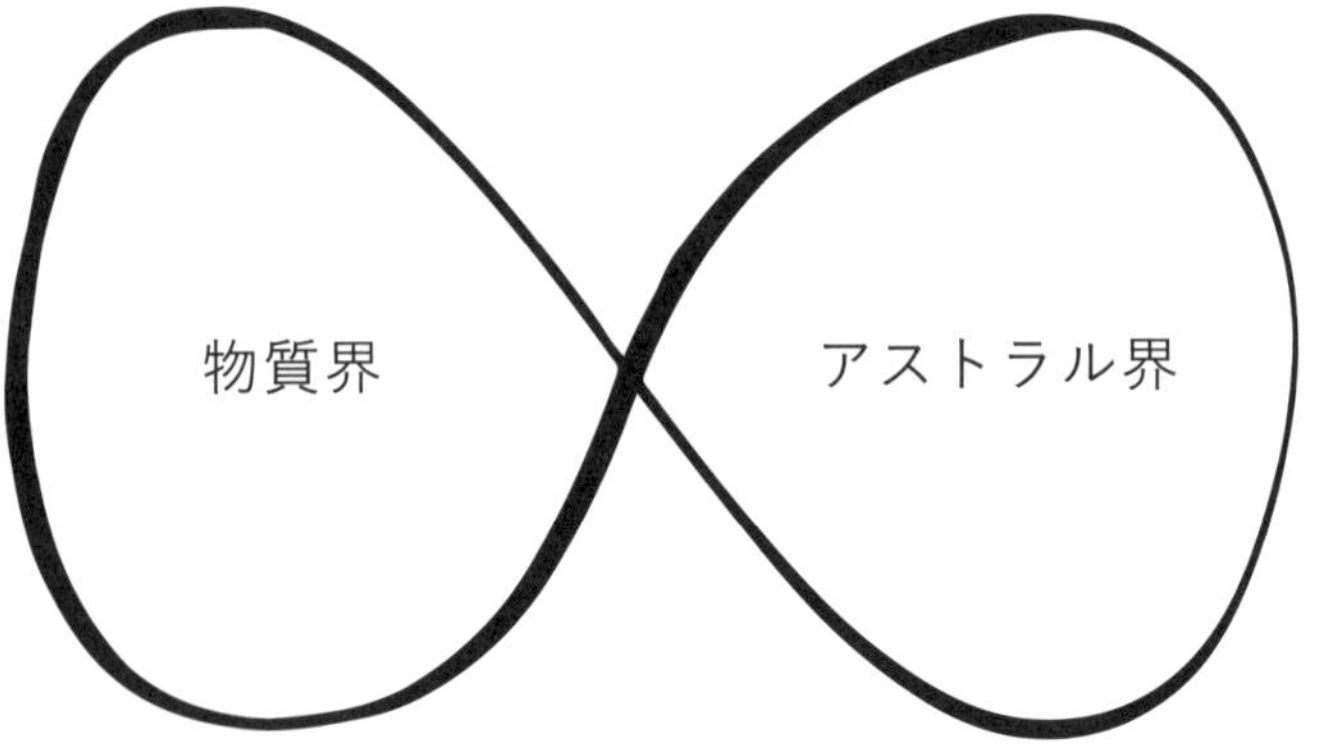

は人の目を欺くこと）。同様に、マニフェステーションが起こるには時間がかかり、忍耐と――信じられないかもしれませんが、構造が必要です。

私は本質的に反逆者で、これまで大小さまざまな決まりを破ってきました。ドレスコードから門限、就寝時間から締め切りまで、私はどんな限界も本質的に魂を打ち砕くものだと考えていました。占星術も初めは私にとって、もう一つの反逆的行動に思えました。私が生まれながらの反逆者だったからです。しかし、皮肉にも占星術は厳密な変数と約束事に基づいて成り立っていることに気づきました。惑星の速度から（天空の星は軌道をなんと速く回ることか）品位（ディグニティ。惑星とサインの関連性）まで、占星術の解読は技術的なもので、その正確さは衝撃的です。

しかし、生まれつきのルール嫌いにもかかわらず、どういうわけか宇宙に埋め込まれた限界を受け入れている自分がいるのです——そう、楽しんでさえいます。宇宙はその構造に、創造的な解釈を含んでいます。さらに天体の有機的な流れは、私たち人間の自然なサイクルをダイナミックに表現してくれるのです。

例えば、月（内的経験を象徴する）は約28日周期で公転しており、1か月間の感情の起伏を視覚化することができます。外的性格と結びついている太陽は、約365日周期、私たちは自分のアイデンティティの発達を年単位で把握することができます。水星（コミュニケーションを象徴する）は約88日周期、金星（価値と関連する）は約225日周期、火星（行動を体現する）は約687日周期です。

太陽系のさらに奥へ旅をすればするほど、惑星は「個人的なもの」（つまり、個人の人生経験に直接影響を与える）から「世代的なもの」へと変わり、人間の生涯を超える、より大きな社会の動きと相まって影響を与えます。小惑星帯の先の惑星はさらに大きな軌道を描きます。公転周期が約12年の木星、約29年の土星、約84年の天王星、海王星の約165年、冥王星の約248年といった具合です（表2）。

すべての星の運行には特有の節目があります。アスペクト（座相）、つまり天球上で星同士が形成する角度は、チェックポイントとして機能します。どんな運行もコンジャンクション（0度）で始まり、スクエア（90度）で4分の1のポイントに達し、オポジション（180度）で半分です。アスペクトは、私たちを時間、場所、空間に固定し、私たちそれぞれが自分の物語を進めていく上で非常に重要な意味を与えてくれます。

周期の中には、生物学的なもの（月の公転周期は女性の月経周期と一致する）、文化的なもの（占星術では誕生日は太陽が1周し終えて「太陽が戻ってくる日」といわれる）、寓話的なもの（私たちは20代後半に「土星回帰〈サターンリターン〉」を経験するが、困難な変化の時として有名）などがあります。星はいつも動いていることを気に留めておかねばなりません。私たちも常に周期の中で動いているからです。軌道を特定できなくても、占星術は、人生は決して静的なものではないことを教えてくれます——天空レベルでも細胞レベルでも常に流れているのです。

占星術の周期との豊かな関係をはぐくんでいくことによって、私はマニフェステーションが宇宙のパターンと結びついた時に増幅されることを発見しました。占星術を通して私たちは視野を広げ、今いる場所の外にある可能性、潜在性、将来性を可視化することができます。私たちは常に周期に従って動いており、現実はいつも花開いている（種をまき、芽を出し、花が咲き、実がなり、種がまかれ、発芽する）と理解する中で、変化は単なる可能性ではなく必然だということが明らかになるのです。従って、**この有機体の展開にマニフェステーションを一致させることで、私たちは思慮深く自分の夢に向かって成長し、旅と願望を統合することができます。**

本書は、いくつもの物語が織り成す一つの星座のような本です。占星術師としての、また人間としての私の実体験や、クライアントの普通でないエピソードや神秘的で難解な知恵が、伝

表２　惑星の速度

惑星	キーワード	1サインの滞在期間	公転周期
月	感情	約2.5日	約28日
水星	コミュニケーション	〜約1か月	約88日
太陽	アイデンティティ	〜約1か月	約1年
金星	価値	〜約1か月	約225日
火星	行動	〜約6週	約687日
木星	豊かさ	約1年	約12年
土星	目的	約2.5年	約29年
天王星	改革	約7年	約84年
海王星	超越	約14年	約165年
冥王星	再生	約20年	約248年

（訳注：占星術では地球を中心に天体が回るという見方をする）

統的なマニフェステーションの手法とともに、あなたが自分の真実とつながる助けになるでしょう。ですから本書は、実践の幅を広げたいと考えている熟練の神秘主義者にも、占星術の初心者にもすぐに役立つことでしょう。まさにあなたに必要なものを紹介しますから、ただそこにいるだけでかまいません。この本が、あなたのところにやってくるのです。

★

本書は9章に分かれていて、うち7章はそれぞれ人生の主要分野である、アイデンティティ、お金、人間関係、恋愛、キャリア、困難、スピリチュアリティをテーマとしています。それぞれのテーマを、さまざまな視点から一緒に探求しましょう。概念だけでなく、これらが自己実現に重要な役割を果たす理由についても説明します。私はストーリーを紹介し、強力なマニフェステーションの方法をお伝えしましょう。各章を読み終えると、そのテーマがあなたの意識にどんな影響を与えるかをより深く理解できるだけでなく、自分の本当の望みを知ることができるでしょう。

けれどもこれは、すぐに答えが出るものではありません。あなたの意識のほとんどすべての側面を深く掘り下げるためのものです。本書はあなたの問題を解決する本ではありません。解決できるのは、あなただけです。しかし、この広い視野を通して自分の人生を可視化できるよう、継続的な実践を手助けするものです。

すべてはつながっている――自分の恋愛関係を改善することは自分自身の価値を見直すことでもあり、仕事での成功を手にすることは豊かさに基づくメンタリティを培うことでもあり、困難な状況に対処することはスピリチュアルな内なる世界を築き上げていくことでもあります。そのすべてがここにあります。まさに奇跡なのです。

星に書かれている

私は１９８９年8月18日午後5時28分に、ニューヨークで生まれました。その数日後、母は特別な手紙を受け取りました。大きな封筒に私のバースチャート、占星術による私の運命の青写真が入っていたのです。

叔父のジェレミーは、叔母と１９７０年代初めにビンガムトン大学で出会い、二人は東海岸を転々とした後、カリフォルニア州オレンジ郡に移り住みました。そこでジェレミーは法律事務所を開業し、成功を収めました。

しかし、ジェレミーは単なる弁護士ではなかったのです。射手座の彼は、博識な火のサインの元型（アーキタイプ）通り、占星術の才能に恵まれていました。それで私が生まれて数日後に、バースチャートを手作りしてくれたのです。ジェレミーは分度器と天体暦、そして色とりどりのボールペンを手に、手書きで計算したバースチャートを描き、神秘的なロードマップを描いてくれました（今ではは占星術のソフトウェアがたくさんあるので、ほとんどの占星術師はバースチャートの作り方を知りません。ジェレミーは「昔からのやり方」で作ったことになります）。チャートの四隅には幻想的な天体のモチーフ――占星術の4元素《エレメント》、火、地、風、水が描かれています。今このチャートを見ると、筆圧が非常に強く、ある特筆すべき点を強調するように書かれている箇所に気づかされます。

しかし、ジェレミーは体調をひどく崩しました。ジェレミーとの思い出は――それを「思い出」と呼べるなら一つだけあります。それは静止画で、私はジェレミーの家のリビングルームにいました。彼は、病院で使われるようなベッドに座っていて、横には大きな出窓が3つ並んでいました。床から天井まである窓から、光があふれています。午前10時頃でしょうか、真っ白なシーツに差し込む光。ジェレミーの髪の色は黒でした。太陽の光に包まれた、安らぎを感じるこの光景は、医療施設とは対照的です。

ジェレミーは1993年8月24日、私の4歳の誕生日の数日後に亡くなりました。私はこの時のことも「思い出」として覚えています。まるで映画のような動画として。子供の頃住んでいたアパートを舞台に、私が母のほうへ歩き出すところから始まります。母は向こうを向いて窓の外を眺めていました。夜明けのことで、空は鮮やかなピンク色でした。そして、私は母の横に立っていました。ジェレミーが亡くなったと母が言ったかどうかは思い出せませんが、私に伝わっていたと思います。というのは、空に低く輝く星を指さして、「あれが、おじさんよ」と言って母を慰めようとしたことをよく覚えているからです。

この記憶は、映画のようで疑わしく思えるでしょうか。4歳の私――大きくなってプロの占星術師になる――は、魂と星をつなげることで、母の悲しみを慰めようとしていたのでしょうか。この話を書く前に、私は1993年8月24日と25日のサンライズチャートを計算し、記憶の有効性を検証しました。なんと、その時の悲しい思い出は完全に正しかったのです。当時、金星は「明けの明星」と呼ばれる時期で、太陽より早く昇り、夜明けにアパートの窓から見えたのです（しかも非常に目立って）。

しかし残念なことに、4歳の私は自分の人生の劇変を予見できませんでした。長年の断片的な記憶をつなぎ合わせると、母は悲しみのあまり、父との関係に亀裂を生じさせ、1996年8月には、つらく深いトラウマとなるような離婚をし、その後の養育権争いは両親を精神的にも経済的にも窮地に陥らせたようです。そして一人娘の私は、最初の「ブラックホール」に入りました。

ブラックホールの日々

これまで私には4度、人生がバラバラになるようなことが起こりました。7歳の時に両親が離婚、10歳の時、母が初めてがんと診断され、13歳と14歳の間には、逃げようとしました。さらに23歳から24歳にかけては、あきらめることを学びました。

小学1年生の最後の日、先生が部屋の隅に敷かれたグレーの絨毯《じゅうたん》の上に私たちを招き、夏休みの計画を発表させました。「両親が離婚します」と私はクラスのみんなに誇らしげに言いました。その時、先生は顔をくもらせ、たぶんこれは両親が約束していたようなワクワクする冒険ではないのだろうと気づきました。

母の新しいアパートは、私が育った家よりずっと狭く、道路のちょうど反対側に次に通う学校がありました。そして、2年生の最初の数週間で、私は本当に混乱を感じるようになりました。この離婚は、単に両親がもう一緒に住まないということではなく、互いを憎み合うことを意味していました。彼らは私を学校に迎えに来て、後で法廷で有利になるようにふるまいました。母はタバコを吸い始め、父は若い女性と出会い、その人は私が2年生のうちに妊娠して父と結婚し、義母となりました。

新しい学校には知らない人ばかりで、慣れない環境に圧倒され、友達をつくるのに苦労し、すぐにいじめのターゲットとなったのです。ヘレンという女の子は私の頬を血が出るまでぎゅっとつねりました。彼女は今、何をしているのだろう。

離婚と養育権の争いは、1998年にようやく終わりを迎え、両親はお金を使い果たしていました。裁判官は「共同養育権」を命じ、私は月曜と火曜は母のアパートで、水曜と木曜は父のところで、週末は交互に滞在することになりました。

いつも移動ばかりで、私は宿題を終えることができませんでした。読む必要がある本は父のところにあるのに、自分は母のところにいたからです。学校のバレンタインデーのパーティーに赤いセーターを着ていきたいのに、大好きなそのセーターは母のところにあり、自分は父のところにいました。何もかもがあっちにあったり、こっちにあったりで、必要なものがいつもなかったのです。

慌ただしい日々でしたが、5年生になる頃には私は自分の基盤を見出し始めました。スタイルと音楽の実験を始め、型破りな家族を持つことは私の反逆的な態度に合致しているように思えるようになりました。そんなある日、私は放課後、祖母の家に行きました。というのも母が病院の予約をしていたからです。すべては普段通りでした。でも、気づくといつもより長時間テレビゲームをやっていました。今、何時？　ママはどこ？

普段とは何かが違います。私は祖母がひそひそ話す声を聞きました。大人のひそひそ話は何か問題が起こったからです。話を聞こうと、壁にコップを当てました。大好きな探偵小説『ハリエット・ザ・スパイ』から学んだ技の一つです。残念なことにくぐもった雑音しか聞こえませんでした。

その夕方の他の記憶はぼやけています。大人になった私が思い出そうとしても細部は穴があいたように不正確です。けれどもこの時明らかになった重大事は、20年以上経過した今も、昨晩起こったことのように鋭い痛みを感じる衝撃的なものです。その数時間後、母はやっと祖母のアパートに帰ってきて台所の椅子に座り、私は台所の床ですすり泣いていました。

張り詰めた雰囲気で、暑くて、閉所恐怖症になりそうでした。聞こえるのは、腐食した古い発電機の低いうなり声のような機械音。音色はアンバー（琥珀色）で明るく、幻惑的です。母は、乳がんと診断されたのです。

「でも、誰にも言わないで。関係ないから」と母はあまり聞いたことのない厳しい声で言い、「特に、父さんにはね。彼は知らなくていいから」と続けました。

当時10歳の私の脳は、ここ数年で分別がつくようになり始めていましたが、〝ハイパードライブ状態〟になりました。母の望み通り、病気は秘密にしました。私は放射線治療のことも化学療法のことも、両乳房切除手術のことも、母のブラの横に下がった血液でいっぱいのビニール袋のことも、父には言いませんでした。さらに2003年に再発したことも、2005年に再々発したことも言っていません。鎮痛剤のことも抗がん剤のことも、私の潜在意識に流れ込むとてつもない不安についても、一言も話さなかったのです。

私が高校に入る頃になると、母のアパートの建物にはネズミがはびこるようになりました。母は台所の周りにわなを仕掛け、たまに1匹かかったりしましたが、体調が悪いため、本格的に対処することはできませんでした。口には出しませんでしたが、私と母の間に合意ができ、それぞれの寝室にこもってドアを閉めていました。見なければ存在しないと同じ、というわけです。

面白いことに、父の家（彼が当時住んでいたのはブルックリンのゴーワヌス）にもげっ歯類の動物がはびこっていて、しかもそれは私の寝室でだけでした。夜、電気を消すと、壁の中や天井裏を駆け回る彼らの爪と歯の音、そして鳴き声が聞こえました。

でも、ここでもできることはありませんでした。父の家での私の部屋は、事実上部屋ではなく、台所へと続く廊下の一部で、前の所有者が違法に増築したものでした。そして、部屋が「規格」外だったので、父は地下鉄ネズミ（地下鉄にネズミがいる！）は偶然、増築部分に入り込み、壁に閉じ込められて、最後には死んでしまうと説明しました。そう、死ぬのが唯一の慰め――数日ごとにひっかく音が聞こえてはその後静かになることが繰り返され、廊下の途中にある寝室は腐敗臭に満ち、義母はそれをパチュリ香料で消そうとしました。

私はパチュリのにおいが大嫌いです。

私も壁の裂け目に落ち込んでいました。母の病気と父との断絶の間で私は腐っていました。高校に入学する頃には摂食障害になり、異性関係は奔放で、1日1箱タバコを吸い、ドラッグを試し始めていました。それもハードドラッグを。

14歳から17歳の間に何があったかは後で詳しく述べますが、高校3年生になる頃には再出発の準備が整っていたと言っていいでしょう。大学は私にとってトンネルの先の光でした。大学に行くことは私にとって過去を消し去り、混乱と孤独と地下鉄ネズミを消し去るチャンスに思えたのです。

第一志望のカールトン大学に合格した時は、ワクワクしました。カールトンはミネソタ州の田舎にある小規模なリベラルアーツ・カレッジで、すべてが純粋に思えました。キャンパスにはダシー・モーゼ・ハウスと呼ばれる歴史的建造物もあり、そこで学生がクッキーを焼くことができました。すでに疲れきってボロボロだった私は、大学で思春期になかった純粋さを受け入れられるのではないかと期待したのです。

だから、新たな一歩への荷づくりをする時には、ふさわしく思えるものだけを入れました。自分の有害な部分をニューヨークに置いていき、ミネソタで自分を完全に作り直そうと考えたのです。大学では、自分史上最高の人間になるつもりでした。頭の良い、きちんとした身なりの友人に、私の破滅的な過去を話す必要はありません。話すなんてとんでもない！　私は自分の物語を過剰に複雑にしたくなかったのです――ステキで、きちんと筋の通ったものにしたかったのです。普通でありたいと思っていました。

自分のアイデンティティのうち、あまりに支離滅裂だったり、恥ずかしく思えたりすることを少しずつ省くようになり、小さな嘘をつき始めました。でも、そうした半分だけの真実は、何年もかけて積み重なり、次第に自分でも何が事実か把握できなくなっていました。２０１３年にロサンゼルスに移り住む頃には、どれが真実かまったくわからなくなっていました。気づくと、私は次のブラックホールへとのみ込まれ、今度は星を研究し始めたのです。

結ばれた点と点

カオスが宇宙を創り、そして文明の夜明け以来、人々は星や惑星に秩序を見出すことで不確実性を乗り越えてきました。私がロサンゼルスに移った時には、ぐらついていた私の基盤が壊れ始めました。数週間でボーイフレンドと仕事を失い、さらにある日の午後、コミュニティサイトで見つけた私のルームメイトはすべての家具を持ち去り、家賃も置かずに姿を消して音信不通になったのです。そこで私は窮地にある人が皆すること――ホロスコープを調べました。

覚えておいていただきたいのは、私は亡き叔父ジェレミーが占星術師だったことも、叔父が手作りしたバースチャートが展開し始めていたことも、この時は知らなかったということです。しかし、私の壊れかけた人生の意味を知ろうとした時、占星術への興味が信じがたいほど急速に高まりました。すべてがうまくいかない中で、占星術だけが意味を成していたのです。

2014年初め、私はニューヨークの母のもとに戻りました。母のアパート（ネズミと住んでいたところ）で、私は母に自分のバースチャートを調べ始めたこと、そして自分が単に獅子座だというだけではないことを話しました。「それは太陽星座にすぎなくて、実は他に何十もの惑星や星座があるの。私の月が魚座にあると知ってた？」と誇らしげに説明したのです。

「ああ、そういえばあなたの冥王星は？　ジェレミーがそのチャートの位置に魅了されていたわよ」と、母が何気なく言いました。

え、どういうこと？　私は、母の言う意味がわかりませんでした。

「ジェレミー叔父さんは占星術に打ち込んでいたのよ。あなたが生まれた時、バースチャートを作ってくれた。知ってるよね？」

うーん。まったく知らない情報でした。

すると母は自分の寝室へ行き、古びて変色した封筒を持って戻ってきました。それを渡された私は注意深く中身を取り出しました。そこには、ジェレミーが作ってくれたバースチャートが1989年から手つかずのままありました。

当然、私のバースチャートはとても複雑で困難で摩擦だらけです。私のアセンダント〈上昇宮〉のサインは山羊座、第2ハウスの魚座にある月のオポジション（180度）となる第8ハウスのステリウム（1つのハウスに天体が3つ以上集中している状態のこと。私の場合、獅子座にある太陽とサウスノード〈ドラゴンテイル〉が0度のオーブ〈許容範囲〉でコンジャンクション）、第12ハウスにステリウム、蟹座にあるカイロンがディセンダント〈下降宮〉とコンジャンクション（0度）、蠍座にある冥王星がミッドヘブンとコンジャンクション（0度）、これらと他の何十ものハードアスペクト（133ページ参照）の間で、私のバースチャートは圧力釜のように蒸気を激しく噴出していたのです。

しかし、自分のバースチャートのストレスが明らかになったことで、ほっとした面もありました。それまでの人生で経験したことが、ようやく確認できたのです。うまくいかなかった物事を説明するバースチャートを手にしたのです。

バースチャートは、本当の私、全体としての私、多次元の私を映し出しています。裂け目も断片も妄想もなく、広がり続ける宇宙の星や惑星が描かれているように、私の真実がすべて広

チャート1

アリザ

1989年8月18日
午後5時28分 EDT

アセンダント　山羊座
月　魚座
太陽　獅子座

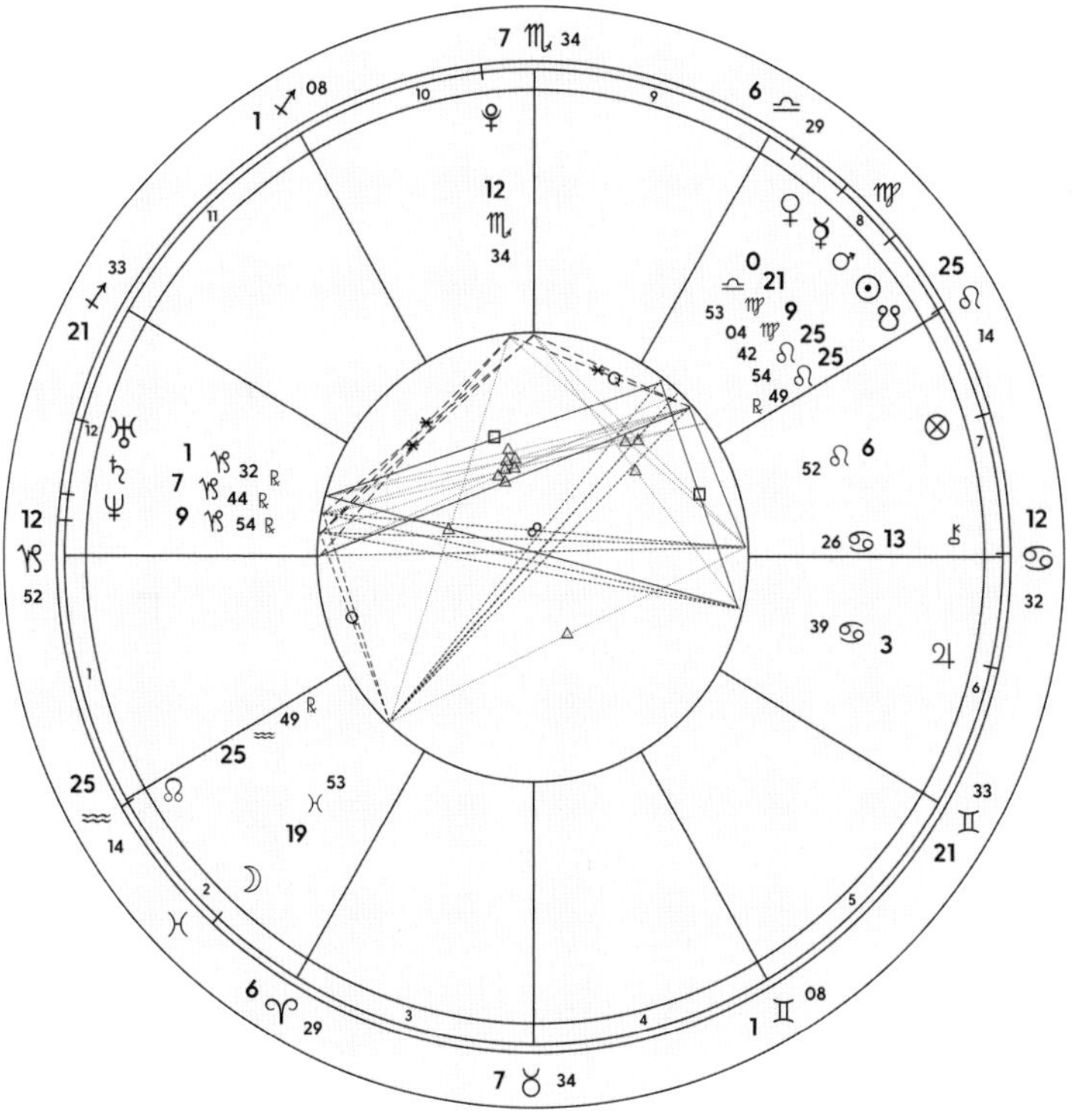

ニューヨーク州ニューヨーク
40N43, 74W00

TLT 16:32
ST 14:20:52
プラシーダス

☉太陽　☽月　☿水星　♀金星　♂火星　♃木星　♄土星　♅天王星　♆海王星　♇冥王星
♈牡羊座　♉牡牛座　♊双子座　♋蟹座　♌獅子座　♍乙女座　♎天秤座　♏蠍座
♐射手座　♑山羊座　♒水瓶座　♓魚座　⊗パート・オブ・フォーチュン　⚷カイロン
☊ドラゴンヘッド　☋ドラゴンテイル　℞逆行

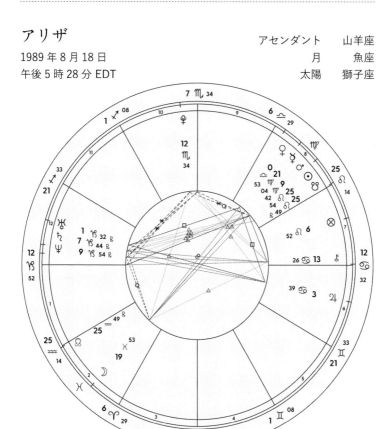

がるのに十分な空間があり、場所があり、同時に存在しているのです。占星術を通して、私は自分自身を宇宙と同じように見ていました——複雑で神秘的で、この世界を超えています。

そして、占星術の言葉を通じて、私は自分の声を見つけ始めました。私自身をすべて受け入れる自信がつき、より大きな話をする自信がつきました。痛みを取り去ることができたのです。クッキー型で一口サイズに自分を切り取るより、自分の現実を無限に近い形で表現しようと探り始めました。私の一部分だけを受け入れ、残りの部分を捨て去るより、自分という人間の全体像を——私のバースチャートを360度探求し始めました。

太陽が獅子座にある、情熱的で遊び好き、脚光を浴びるのが大好き、というのと同時に、厳格で勤勉、懐疑的なアセンダント山羊座でもあることは、何を意味するのでしょうか。どうすれば共感的で抽象的な魚座にある月の複雑な感情を、論理的で体系的な乙女座にある水星を通じて伝えることができるでしょうか。

困難は、私の内なる多次元を好奇心をもって情熱的に追求する機会となりました。そして、もはや困難を恐れなくなると、自分の恐れに向き合うのも楽になり、より正直に、あえて言えば自分とまるごと向き合えるようになったのです。

これには時間がかかりました。そして多大な努力も……。特に真実が痛みを伴う時には、事実を直視するより知らないふりをするほうがずっと容易なのは否定できません。私はそれまで、自分が経験したことをすべて受け入れることはできないと思い込んできました。自分が本当に望んでいることを認めるのは怖いし、実際に起きていることを受け入れるのも怖かったのです。けれども占星術を通じて、現実は常に動いているということを知りました。変化は不可避であることを受け入れると同時に、私は自分の現状（不快かもしれないが）を受け入れることができたのです。同時に、私の望みや夢や希望を、過去と現在と未来をつなぐ架け橋として、最大限の敬意を払って大切に扱えるようになりました。

もう一つ私が発見したことは、自分の真実を知るのが怖いということでした。反逆精神にあふれ、協調性のない私にも、社会の規範は心に深く浸透していました。いつ、私は自分を信じることをやめてしまったのでしょうか。自己不信と不安を抱え込み、ただでさえ不安定な生活基盤の中で、ささいなことでも大きな傷になりかねなかったのです。

自分の状況を改善する最初の一歩は、自分の状況は良くなると信じることであると、次第に明らかになりました。そのためには、自信を回復する必要がありました。つまり、恐れずに真実を語ることで、私は自分の現実に責任を持ち、何がうまくいっているのか（あるいはうまくいっていないのか）を判断し、さまざまな状況で自分が実際に何を感じているのか、自分が純粋に達成したいことは何なのかを明らかにしました。

真実は力をみなぎらせます。占星術の助けを借りて、自分を知り、自尊心をはぐくむことができたのです。持続可能な自己検証によって、私は自分軸で生きられることを発見しました。マニフェステーションへの入口です。

そして今、この知恵を読者の皆さんにシェアする準備ができました。これはあなたの運命であり、それに乗って楽しみながら生きる価値があるのです。

偶然は
ありません。
@alizakelly

第1章

占星術とマニフェステーション

でも私の星座はどうでしょう？

あなたは神秘的な蠍座ですか？　素晴らしい、よくここに来てくださいました！　あるいは、人生で最も野性的な冒険に出る準備ができた探求的な射手座ですか？　素敵です、ようこそ！

そして、こんにちは、燃えるような牡羊座の人！　実利的な牡牛座の人！　賢い双子座！　優しい蟹座の人！

こんにちは。活気にあふれた獅子座！　思慮深い乙女座！　優雅な天秤座！　戦略家の山羊座！　革新的な水瓶座！　超自然的な魚座！　みんな大好きです。

あなたが生まれた時にどの星座（サイン）に太陽があったのだとしても、理由があってあなたはここにいます。そして信じようが信じまいが、あなたを導く神秘の羅針盤は黄道帯を超越しています。あなたのバースチャートがどのように見えても、今あなたが本書を読んでいることが、強力で形而上学的な真実を証明しているのです。あなたが今ここにいるのは必然なのです。

私は占星術師で、本書は占星術によるものですが、12星座をもとに構成してはいません。12星座のない占星術の本なんてあるの？　心配しないでください、占星術のアーキタイプ（元型）はとても重要ですが、本書は12星座について調べた本ではありません。その理由はとても簡単。

すべての人が黄道帯全体だからです。

黄道は目に見えない３６０度の帯で、12の部分に分かれ（黄道十二宮）[注6]、南北の半球両方をカバーします。もちろんどんな時も空を見上げると、６つの星座しか見えません（残りの半分は足元、地球の反対側にあります）。しかし、私たちのバースチャートの要素は、上空にも足元にも、全天に存在します。個々の占星術にすべてのサインが含まれています。つまり、たとえ特定のサインに惑星がなくても、あなたは宇宙全体の叡智《えいち》を体現していることになるのです。

実際、私たち占星術師は、人々を太陽星座（星座占い）にまとめてしまうことはありません。[注7]太陽は重要な星ですが、天体の一つにすぎないのです。あなたという個人の全貌を理解するために、私たちはバースチャートをくまなく分析します。あなたの占星術の見取り図は、何十もの惑星とポイント、そしてそれに対応する幾何学的な図表で構成され、その幾何学的な構造が、あなたをつくり上げる独自の緊張や調和を明らかにする……まあ、そう言っていいでしょう。

同じように、この旅では、占星術の専門用語にとらわれる必要はありません。私はあなたに感じてほしいのです。考えて、創造してほしいのです。私が宇宙を旅して集めた物語と技術と知恵によって、あなたが視野をさらに広げ、宇宙と自己の奥深くへ飛び込んでいってほしいのです。もちろん、これらは一つで、かつ同じものですから。

自分の運命をつくるには

占星術とマニフェステーション（願望実現）が私の人生を変えました。でも、私からそれを受け取ろうとしないでほしいのです。私は何千人ものクライアントが自らの潜在意識に達して内なる真実を用い、受け身な参加者から積極的な創造者となるのを見てきました。もちろん、クライアントとの関係は相互的であり、クライアントが宇宙を拡大する新しい方法を教えてくれました。本書は、アストラル界（星々の見えない世界）での自己と他者のワークに長年を費やした、物質的なマニフェステーションなのです。

アストラル界。おそらくこの言葉を、スピリチュアル・プラクティショナーから聞いたことがあると思います。本当のところ、どんな意味なのでしょう。

アストラル界とは、私たちがいる物質界に隣接している、物質界ではない世界を説明する表現です。

それに対して、物質界は感覚的な現実によって定義されます。それは、ベッドルームの壁や、通勤で通る歩道、そして季節性アレルギーでかゆみと涙が止まらなくなる目、あるいは、洋服、家具、カレンダー、仕事その他、形あるすべてのものです。簡単に言うと、物質界には現在、存在するすべてのものが含まれています。

けれども、ものが存在する前に、それらのものが創造されなくてはなりません。ある意味、アストラル界は物質界の「舞台裏」なのです。アストラル界は、すべての思考、アイディア、波動、望み、意志、意図、マニフェステーション、精神、エネルギーなど最終的に目に見えるようになるすべてが含まれている次元です。**私たちはアストラル界ではぐくまれ、物質界で現実化するのです。**

私がクライアントと一緒にアストラル界で仕事をするというのは、アストラル界は物質界への入口で、占星術は物質界を超越するからです。私たちは、物質界に存在するものと、目には見えない、非物質的なアストラル界の両方を見ます。本書はこうした手法を探り、いつでもどこでも今の現実に適用できるようにしました。

物質界とアストラル界の両方を扱うには、勇気が必要です。マニフェステーションをするには、すべてをテーブルの上にぶちまけることが必要なのです。そう、あなたのクローゼットの奥にしまっておいた、恐ろしい骸骨も含めて。正直であること、自分自身に責任を持つこと、そしてどんなにつらく嫌なことでも、事実を直視する必要があるでしょう。本当の意味で持続的な成果を得るためには、言い訳をする余地はありません。

できそうでしょうか？　素晴らしい！　だからこそ、あなたはここにいるのでしょう――偶然はないのです。

偶然はない

アストラル界でしばらく過ごすと、すぐに「偶然はない」と気づくでしょう。私はこれをキャッチフレーズにしています――There Are No Coincidencesを略して「ＴＡＮＣ」と呼んでいます。ＴＡＮＣは、シンクロニシティを識別することができます。例えば誰かを思っていると、その人があなたにショートメールを送ってくるとか、時計が11時11分を指すといったことです。

ＴＡＮＣは、瞬間、瞬間に存在しますが、同時に何年もかけて複雑に展開します。あるささいな体験が、まったく予期せぬ軌道を描き出し、ゆっくりと、しかし確実に、あなたの現実を変えていくのです。

あなたはTANCの状況を同時に、連続的に、そしてランダムに経験するかもしれません。TANCに関しては、占星術もマニフェステーションのルールも、ノルマも派手な指標もないのです。

TANCは単に、人生における相互のつながりを認識すること――有形と無形の領域の間の不可解なつながりを表現する簡単な方法です。ある意味、TANCの出来事は、物質的な世界にちりばめられた手がかりのようなもので、私たちが皆スピリチュアルなレベルで一致していることを日々思い出させてくれるのです。自分自身のTANCの経験を確認することで、時間と空間を貫く魔法のような電流をたどることができ、自己認識のレベルを高めた人生へと誘《いざな》われるでしょう。

こうしてあなたは、本書で最初のアクティビティを見出しました。TANCです！

体験したTANCの中で特に印象に残った3つを考えてみましょう。もしかすると、ふと浮かんで頭から離れない歌が、数時間後にラジオから聞こえてきたことがあるかもしれません。また、マッチングアプリで出会った今のボーイフレンドが、10年前に同じ音楽祭に出かけていたことがわかったかもしれません。あるいは、すでにあなたはTANCとの出合いを記録していて、本書が自分が個人的に行ってきたのと同じエクササイズをするためのものだと知って、うれしい驚きを感じていますか？　そう、それがまさにＴＡＮＣなのです。

ＴＡＮＣの経験が大きくても小さくても、今のことでも遠い昔のことでも、どんどんメモしておいてほしいのです（日記でも、スマートフォンのメモアプリでも、本書のページの余白でも）。どうしてそのような例が頭に浮かんだのかわからないでしょうが、それには理由があるのです。この旅が終わる頃には、まさにＴＡＮＣといえるダイナミックなループを作ることができるでしょう。このエクササイズは、あなたの出発点を示すエネルギッシュな仮のテキストボックスと考えてください。これが始まりです！

自分にふさわしいものを手に入れる

私は占星術が人生を変えるとは思っていません。私は私の人生に意味を持たせる方法を探し求めていましたが、20代初めには、それまでの破滅的な生活や否認がついに自分に返ってきてしまったのです。摂食障害、ドラッグ、有害な人間関係など10代の頃に悩まされたのと同じ行動を繰り返し始めただけでなく、私は完全に断片化された現実を生きていました。私は誰か、どこで働いているか、そして住んでいる場所についてまで、相手によって異なる話をしていました。そんな物語についていけなくなり、事実とフィクションの区別がどんどん難しくなっていったのです。

私はあまりにも多くの断片に引き裂かれていたので、広大で不可解な宇宙の言語だけが私の現実を説明できるのでした。

しかし、それこそが占星術が特別な理由なのです。占星術は、あなたの真実を尊重します。自分を何も切り捨てる必要がない——あなたは文字通り全宇宙に広がっているのです。宇宙に投影される時、あなたは自分に必要なだけのスペースを確保し、天空の文脈を通して自分を見ることができます。

ですから今度、あなたが暗い空を見つめ、果てしなく広がる夜空に輝く星に驚嘆する時には、彗星《すいせい》や惑星、銀河などで満たされた、無限に広がる宇宙で鏡をのぞき込んでいると思ってほしいのです。**基本的に、占星術とは自分を愛する作業です。**

さて、ここで知っておくべきことがあります。私は、標語が書かれた額などを軽蔑しています。個人的には「今を生きよ」とか「誰も見ていないかのように踊れ」とかの標語に何の感動もありません。そのせいで、「自分を愛する」という概念から距離を置くことにもなりました。単純に、私の好みではなかったのです。

しかし、振り返ると、私が「自己愛」の概念をもっと本格的に具現化する方法を知らなかったから、ということが距離を置いた理由だったかもしれません。ご存じの通り、私は自分を大事にしていなかったのです。すべてがそうでした。自分の外見も声も行動も感情も話し方も、すべて嫌いでした。自分自身のあら探しをして、どんなことも嘲笑しました。結局のところ、私は自分を憎んでいたと言えるでしょう。

私はこの自己嫌悪を「論理」で正当化していました。もっときれいになり、もっとやせて、もっと裕福になり、もっとかっこよくなれば、すべての問題が解決すると「知って」いました。私は「最高の人生」を送るためには、「最高の自分」でなければならないと信じていたのです。そしてきっと、この理想化された自分を大好きになるだろうと想像していました。しかし、この目標を達成するまで毎日鏡で向き合わなければならない自分――本当の自分は、愛には値しない存在だったのです。

純粋に、私は自分には愛を与える価値がないと思っていました。だから、私自身を罰したのです。全身が映る鏡の前に立ち、脂肪吸引の施術前の外科医がするように、太いマーカーで私の体のあらゆる欠点を丸で囲んで「これが、あなたがみじめな理由」と、鏡の中の自分につぶやきました。カロリー計算をし、自己流の断食をして空腹に耐え、誘惑に勝てない時は――2本の指を喉に突っ込んで、摂取した「嗜好品」を吐いていました。

灼熱の太陽の下、わざと脱水症状を起こしながら何マイルも走って歩道に倒れ込むこともありました。そうすることで、初めて自分が完全に運動したと実感できるからです。年上の男性――時には既婚者に、彼らの妄想を満たすために私を物のように扱わせました。挙げ句の果てに私は自分のふるまいを恥じ、さらに自分を呪うことになりました。「あなたは汚らわしい。そんなことをしても、誰もあなたを愛さない」と。

これらの例は私の物語特有のものですが、長年、何千人ものクライアントと話をして、自己嫌悪は多くの人が思っている以上に遍在していることが確認できました。実は、私たち人間というものは、間違っていることよりも正しいことを証明したがるものです。私たち自身のフィードバック・ループ（フィードバックをもとに改善を繰り返し、よりよいものとなっていくこと）によって、私たちの内的な経験は外的な経験を反映したものであり、その逆もまたしかりなのです。あなたは次のような展開を見たことがあるでしょう。ある時点で、自分が打ちのめされているように感じ、現状がその惨めさを物語っているように思えるのです。

例えば、「自分は一生、一人でいる運命」と信じてしまうと、あなたはデートの時にその思いを強化してしまいます。あなたが出会う人は皆、6週間後には去ってしまいます。あるいは、恋人はいつもあなたを裏切るのです。どんな状況であれ、あなたの恋愛の悩みはあなたの現実の中で、あなたの仮説を証明するかのように展開されるでしょう。

★

あなたの人生は、あなたがそうあるべきだと信じているものを模倣しています。つまり、あなたの物語を自己嫌悪から自己愛へとシフトさせるためには、物質界で実現する前に、アストラル界の内部で変化し始めなくてはならないのです。

今、あなたは変化が始まる手前にいます。本書を読み終える頃には、あなたが本当に生きたいと思う人生、つまりあなたにふさわしい人生を培うために必要なすべてを手に入れているでしょう。でも、本当の意味での永続的な進化は、一夜にして起こるものではありません。それは、大小さまざまな選択の積み重ねであり、それらが重なり合って大きな変化を遂げるのです。

成長には痛みと混乱がつきもので、それが直線的であることはめったにありません。1歩進めば、3歩大きく後退し、バナナの皮で滑ってペンキの缶をひっくり返し、つまずいてしりもちをつき、金属製のバケツが頭の上に落ちてくる、古典的なギャグのようです。でも、それは価値のあることです。私は、自己実現への旅が新たなチャンスをもたらすだけではなく、生きていることを実感する、生き方そのものも変える、と確信しています。

先に進む前に、お約束します。心配しないで――怖がらなくて大丈夫。これはあなた自身との契約です。**あなたは、自分が最高の人生を生きるに値すると信じなければならないのです。**

でも、突然、いかにもな啓示を得るように変わる、というわけでもありません。この約束に、すべての病を癒し、不安や疑念を奇跡的に晴らす「決定的な瞬間」を期待しないでほしいのです。私はただあなたに、今この瞬間の自分を、まるごと価値あるものとして受け入れてほしいだけです。

そして念のために言っておくと、あなた自身を理想化するようにとは言っていないし、憧れの対象になってほしいとも言っていません。写真加工アプリやインターネット上のあなたもどうでもよいのです。私はあなたに本当の自分、正直な自分、360度の自分を受け入れてほしいのです――バースチャートで描かれたサイン（星座）や惑星、星に象徴されるようなあなたを。

一つに見えているあなたは、実はバラバラです。混乱して、疲れ切っているあなた。いまいましい人間関係に繰り返し陥るあなた。限界に苦しむあなた。複雑で矛盾に満ち、唯一無二のあなた。それこそが本当に素晴らしい人生を送る価値のある、あなたなのです。

あなた自身をいら立たせる自らの資質こそが、まさにあなたを美しく多面的にしているのと同じ資質――あなた全体を構成する重要な要素なのです。あなたが自分自身を完全な、そして完全に価値のあるものとして受け入れると、以前は隠したり、恥じたり、批判されたりした部分でさえも、認めるに足るものとなります。占星術はあなたのすべての真実を一つの場所に集めてくれます――筆舌に尽くしがたい宇宙を背景にして、あなたはきちんとすることも、だらしなくすることも、洗練されることも、ケンカ腰になることも、勇ましくなることも、おびえることも、すべてが可能なのです。

この時点であなたは自分自身も環境も何も変える必要はありません。仕事を辞める必要もありません。恋人と別れる必要もありません。枕をふかふかにしたり、皿を洗ったり、敷物の下に秘密を隠したりする必要もないのです。調整をするにしてもゆっくり、慎重に、意図的に行う必要があり、結果的に次の章でそうなっていくでしょう。

今はただ、観察しましょう。あなたの人生――あなたの真実のすべてをジャッジすることなく、受け入れましょう。自分のすべてを表面化させましょう。あなたの勝利、失敗、フラストレーション、そして喜びを記録してほしいのです。これには恐れや不快を感じるかもしれないので、そのための安心できるスペースも確保しましょう。静止しているものなどないのです。惑星は常に動いていて、すべてのものはいつも変化しています。そして、あなたはあなたの世界を変えることができます。あなたには、より刺激的で感動的で力強い人生を送るために、あらゆるものを再調整して修正する能力があります。

このような機会を得るために、自分が「もっと良い人」になるまで待つ必要はないのです。あなたには今、豊かさと充実感と喜びを手に入れる価値があります。これはあなたの物語――あなたには素晴らしい物語を書く資格があるのです。

占星術の知恵を使って、あなたは超強力なマニフェステーションを実践することができます。それは文字通り、あなたの宇宙を広げるでしょう。

本書の各章は、人生の特定の分野を扱っています。物語やエクササイズを通して、あなたのものの見方を変え、あなたの最も確かな真実を見極めるための新たな機会を提供します。黄道帯と同じように各章のレッスンが積み重なり、あなたが進んでいくにつれ、思いもしないところから真実が見えてくるはずです。これはリアルタイムで起こることですから、本書を読み終える頃には、あなたはすでに驚くべき変化のまっただ中にいることでしょう。もしかしたら、恥じることのない真実を通じて、本格的な変身を遂げているかもしれません。

公式はとても簡単です。占星術は自己認識に拍車をかけ、そして自己認識は自分を愛することへの入口であり、自分の運命への道なのです。あなたがあなたの価値を受け入れると、自分の夢と現実の間の区切りがなくなり、あなたが望むものはすべてあなたの真実になり得ます。

そしてこれがマニフェステーション（願望実現）の本質です。

けれども実際にマニフェステーションとは何なのでしょうか？　そして、それは一体どのように働くのでしょうか？　これらはすべて素晴らしく、重要な質問です。だからこそ、私はレストランを開くことにしました。さあ、テーブルの準備はできています。

マニフェステーション・カフェにようこそ

「ボンジュール、皆さま。マニフェステーション・カフェにようこそ。今日のおすすめは……あなたが欲しいものはなんでも。

ご注文は何にいたしましょう。スープですか。いいですね。シェフに伝えます。

［5分後］はい、お待たせしました。お望み通りのスープです。どうぞ召し上がれ！」

もしかしたら、あなたは何が起こったのか不思議に思っているかもしれません。なぜ、カフェのロールプレイをしたのでしょうか？　フランス料理好きのパロディ小説にたまたま出くわしたのでしょうか？　いいえ、心配しないで。そうではないのです。

一般的に「マニフェステーション」という行為は、非常にわかりやすいものです。エネルギー（希望、夢、目標、望み、考えなど）を非物質的な世界から現実化するために、物質界とアストラル界の間の架け橋をあなたがつくることです（物質界とアストラル界についてはすでに述べましたが、ここで簡単に復習すると、物質界は実体のある現実ですが、アストラル界は舞台裏のエネルギーです）。しかし、マニフェステーションは学校では教わらないので、平行する２つの次元の間を移動するという概念は、少しとっぴに感じられるかもしれません。深遠な法則を理解するには、たとえ話がいちばんです。そこでマニフェステーション・カフェを思い浮かべてみましょう。

カフェであなたがいるのは「接客エリア」、つまりレストランでお客さまをお迎えする場所で、店のイメージを決めます。そこで雰囲気づくりをし、客をもてなします。実際、客はレストランで接客エリアだけを体験するので、ほとんどの客が接客エリアをレストランのすべてだとイメージします。このマニフェステーション・カフェの接客エリアは、物質界を表しています。

けれどもカフェには、この接客エリア以外にもいろいろな場所があります。客には見えませんが、レストラン経営に不可欠な場所です。注文をすると、接客係は厨房《ちゅうぼう》にその注文を伝えます。厨房は「店の裏」とされ、客が知らないうちに、まったく別の一連の出来事が始まります。料理は、複雑かつ組織的な工程で準備されます。すべてが時計のように正確に動く――シェフやコックが材料を刻み、切り分け、味付けをし、客の望みを料理という形に変えていきます。料理が準備できると、店の裏（アストラル界）から接客エリア（物質界）へと運ばれ、客に楽しんでもらうのです。私たちが愛してやまない、寓話的なマニフェステーション・カフェが有名なのは、その素晴らしい内装だけが理由ではなく――それはレストランの一面にすぎません。最終的に、マニフェステーション・カフェが特別なのは、店内で調理された料理のおいしさ、5つ星レストランの味のためです。つまり、客は厨房と接することはありませんが、実はこのエリアが店全体を動かしているのです。ここが魔法が起こるところです。この隠れたエリアがなければ、マニフェステーション・カフェは本物のレストランではなく、レストランを模した舞台があるだけです。すべては実体のない見かけ倒しのものになってしまいます。

レストランの基本的な仕事の流れに、驚くようなことはないでしょう。しかし、これは平行した次元がそれぞれ、またともにどう働いているかを思い描くのに役に立ちます。どのレストランも店の表と裏のコミュニケーションで成り立っているのと同じく、私たちのマニフェステーションの実践も、物質界とアストラル界の間のやり取りを中心に構成されています。

地球上の存在であるあなたは、物質界にいます。一方、あなたのエネルギーはアストラル界の産物です。エネルギーという言葉もまた、あいまいでスピリチュアルな流行語です。しかし、本質的にそれは、現実に命を吹き込む、目に見えない無限の力を表しています。あなたの個人的なエネルギーは、宇宙とよく似ています。広大で、深遠で、果てしなく広がっているのです。エネルギーは、意図、望み、不満、恐怖、怒り、性、崇敬、愛、罪、恥などを通じて生まれ——エネルギーはあなたが感じ、表現し、包含し、観察し、導き、処理し、実験するものすべてです。エネルギーがすべてなのです。

実際、エネルギーは非常に幅広く、包括的なものなので、圧倒されそうなくらいです。もしエネルギーがすべてを包含しているなら、どうすれば効果的に作用させることができるのでしょうか。エネルギーの性質に難しいところがあることが、アストラル界より物質界で活動するほうが心地よい理由の一つです。しかし現実化するには、物質界とアストラル界の両方でしっかりとしたつながりをつくることが緊急の課題なのです。

この先、読み進めると、あなたはこの2つの世界の存在にますます親しみを覚えることでしょう。物質界には常にアクセスしやすい（あなたは結局のところ物質界の存在）一方、アストラル界に近づく最良の方法の一つは、想像力を強化することです。住宅のリフォーム番組のように、あなたがエネルギッシュな空間に足を踏み入れているところを思い浮かべてみましょう。どう見えますか？　そこには何がありますか？　装飾的？　控えめ？　高価？　ボロ家？　あなたのアストラル界の次元は完全に空っぽかもしれません。もし、あなたがこのアストラル界を探検したことがないならば、あなたはゼロから始める必要があるかもしれません。それは同時に素晴らしいことでもあります。真っ白なキャンバスの上に描くことができるのです。なんでも可能です！

あるいはあなたの精神は、雑念でいっぱいになっているのかもしれません。過去の苦痛を伴う経験の残像でいっぱいです。それに、それらの古いガラクタはあなたのものですらなく、親から受け継いだものかもしれません。しかし、あなたのアストラル界は家族の倉庫ではなく、あなたが毎日アクセスする活動的で機能的な空間です。ですから、もしあなたのエネルギーの風景が、ネットフリックスの『ホーダーズ』（ため込む人々）のエピソードに似ていたら、片付けを始めなくてはなりません。

アストラル界には「ほこりをためる」活動はありません。毎日毎日、あなたの潜在意識は、あなたの現実をかたちづくっています。精神的に良い状態を維持することは、極めて重要です。アストラル界と物質界の次元は表裏一体で、リンクしていることを忘れないでください。あなたは常にどちらかの次元からもう一方の次元へ信号を送っています。まさにマニフェステーション・カフェのように、注文は24時間365日、絶え間なく出されています。

あなたの現実生活の経験が、あなたの気分に影響を与えているのは間違いありません。例えば、もし恋人が気まぐれに別れを切り出したら、あなたはきっと感情面に影響を受けるでしょう。しかし、逆もまた真なりで、アストラル界は物質界の中に現れます。もしあなたが絶望的な恋愛をする運命にあると確信しているなら、きっとその思考を実証する恋人とつながるでしょう。

物質界とアストラル界が無限のフィードバック・ループでリンクしていることは重要です。**私たちの心が現実となり、現実が心となります。**ですから、あなたが有害なサイクルから抜け出せないでいると、最悪の悪夢が日常生活で実際に起こるのは当然と言えます。

サイクルから抜け出すのは難しいことです。破滅的なフィードバック・ループを破壊するには、まずそのサイクルを見つけ出し、名前を付け、それがどのように機能しているかを理解することが大事です。どの思考が行動の引き金になっているのか？　どの行動が思考の引き金になっているのか？　そしてそのつながりを見つけたら、物質界とアストラル界両方の次元で積極的かつ意図的な変化を起こして、その流れを中断する必要があります。

物質界の領域のほうがアクセスしやすいと思われますが、この空間は公共空間であり、私たちはこの次元を他者と共有していること、この領域は個人がコントロールできない外部の状況によって形成されることは、注意すべき重要なポイントです。これが、アストラル界との関係を強化することが非常に重要である理由です。物質界とは異なり、アストラル界は完全にあなたのもの、個人的なあなただけのものなのです。

あなたは物質界では他人の不安や判断、疑いに対処することが不可避ですが、アストラル界では思慮深く、意図的に、拒絶や閉塞感、恐怖を取り除く選択ができます。この領域は刺激的で、力を与え、魔法のようであるべきなのです。さらに、この領域でこそ、あなたが本当に生きたいと思う人生を夢見て想像し、創造することができるのです。

もう一つ記しておくべきことがあります。あなたがアストラル界の次元で活動する際、可能性や確率で自分を制限してはなりません。それはすべて物質界の次元でのことです。アストラル界では、自分の潜在能力を最大限に引き出し、夢や幸運、神の介入を受け入れる機会があります。あなたの精神を、奇跡が起こる場所に置きましょう。これはあなたのマニフェステーション・カフェなのです。メニューはあなたが作っているのです。

さあ始めよう

小宇宙と大宇宙の概念は、形而上学的な実践に広く浸透しています。指定の入れもの（個人のバースチャートやタロットカード、ルーンなど）には宇宙全体が収められています。つまり、占いをうまく行うためには、追加情報や外からの刺激が一切いらないことを意味しています。同様に本書も、同じ神秘的な哲学にのっとっています。本書の各章は、その前の章の教訓をもとに作り上げられていて、初めから順に読むように書かれています。

あなたはすでに、人生を最も素晴らしく生きるための道具をすべて持っています。今あなたは、それらをどう使うかを学べばよいのです。慈愛に満ちた自己認識を通して、あなたは自分の恐怖や不安、弱さと向き合うことになります。あなたの閉塞感に希望を吹き込み、これらのエネルギー的な空白をアクティブでダイナミックな精神の入口に変えていくのです。あなたは直感との関係を強化し、何でも可能であることを発見するでしょう。14のスーパーチャージされたマニフェステーションを通じて、アストラル界と物質界の両方で自分の望みを生み出し、あなたの人生を必ず変える破壊不能なフィードバック・ループを作り出す方法を学ぶでしょう。

そこで、あなたは何を待っているのでしょう？　さあ、始めましょう！

宇宙はあなたを
導くことはできますが、
あなたの運命を決めることは
できません。

@alizakelly

第2章
自分を知る

「私は迷子になってしまいました。どちらの道を選べばいいのでしょう？」

「どうすれば、正しい道を選んでいるかどうかがわかりますか？」

「リスクを冒すべきでしょうか？」

「ここから私はどこに行くのでしょうか？」

自己を探求する

この旅の最初のゴールは、「自己」について深く掘り下げることです。つまり、自分の核となる原則を探求することです。

次の質問は、内省と好奇心を喚起するための招待状です。あなたは、これらの質問を日記に書いてもいいし、心の中で考えてもいいのです。その答えには、正しいも間違いもありません。このエクササイズに身をまかせ、必要なところ、どこへでも行ってください。

◇私にとってアイデンティティとは、何を意味するのでしょうか?
◇私のアイデンティティは、時間の経過とともにどのように変化してきたでしょうか?
◇私のアイデンティティは、どのような点で変化していないでしょうか?
◇最後に自分のアイデンティティとつながっていると感じたのは、いつでしたか?
◇最後に自分のアイデンティティから切り離されたと感じたのは、いつでしたか?
◇自分らしく生きていると感じるために、助けになることは何でしょう?

自分の物語を明らかにする

「カティア、あなたはどうしたいの?」

60分の占星術セッションの半ばをすぎたところで、カティアは自分の世界をとても鮮明に描き出していました。彼女はニューヨーク州シラキュースで育ち、会計士の父と高校教師の母の間の一人っ子でした。1995年9月14日午後4時12分に生まれたカティアは、太陽が乙女座、月が牡牛座、そしてアセンダントが山羊座にあります。トリプルアース（3つの地のエレメントのサイン）を見るのが私たちは大好きです。

カティアが物心ついて以来、両親は彼女に大企業への就職をすすめていました。父親は、大企業で働けば、安定と繁栄の両方が保証されると信じていました。カティアは高校では優等生で、第一志望のニューヨーク大学に合格した時には大喜びしました。学費は両親が思っていたより高額でしたが、有名大学で実用的な学位を取得できれば、安定した職に就けるはずです。彼女は自信に満ち、卒業後数年以内に学費を両親に返済できると確信していました。両親はカティアのひたむきな姿に心を打たれ、ニューヨーク大学が最良の選択だと認めました。

現在のボーイフレンドのディランとは大学2年生の冬に選択科目の授業で出会い、すぐに気が合いました。

「彼は蟹座です」と彼女は笑いながら言い、「だから、うまくいくってことですか?」。

私はこう説明しました。「表向きには、蟹座と乙女座は相性がいいとされていますが、相性というのは太陽星座だけで決まるものではありません。私たちは、ディランのバースチャート全体を見る必要があります。それからあなたのチャートがディランのチャートからどう影響を受け、ディランのチャートがあなたのチャートからどう影響されるかを見なくてはなりません。相性は、常に双方向のものなのです」

「なるほど。わかります」と言った彼女は、ディランの生まれた時間は知りませんでしたが、彼がニュージャージーの高級住宅地でどう育ったかを説明してくれました。ディランは子供時代を大邸宅で過ごし、彼の父親はとても成功していました（実は彼女は父親の職業が何かはよく知らなかったのですが）。ディランは父親とは疎遠でしたが、母親とは近しく、カティアは母親を「ちょっと表面的だけど、いい人です」と表現しました。

「とにかく、私がこのセッションを予約したのは、迷いがあるからです」とカティアは言いました。彼女は5月に大学を卒業しましたが、10月になっても仕事が見つかりませんでした。シラキュースの実家には街から離れているので帰りたくないというのです。そこで、彼女は自分のアパートを、理想的にはイースト・ビレッジかウィリアムズバーグに手に入れるまで、一時的にニュージャージーのディランの家に住んでいました。ディランもディランの母親も、カティアにデジタル業界をすすめましたが、カティアの両親はもっと保守的な道を進むようにとプレッシャーをかけていました。

「私の父は、実家に戻って地元の大手製薬会社に就職しなさいと言ってくるんです」と話すと、カティアは一瞬、沈黙し、「私はどうすべきでしょう？」と問いかけました。

私は、ＰＣ画面に映し出されたカティアのバースチャートに目を通しました。確かに、占星術は単純な「はい」「いいえ」の答えを導き出すために使うことができます。[注8] でも、30分近く彼女と話した結果、明らかになったのは、カティア自身の視点を考慮しない他人の指図は不要ということでした。占星術師としての私の仕事は、クライアント一人ひとりの状況に合わせた宇宙的な洞察を提供することです。[注9]

「カティア、あなたはどうしたいの？」

少し間をおいて、カティアは神経質な笑みを軽く浮かべ、答えました。

「実は、そんなことを考えたのはいつ以来だろうというくらい、覚えていません」

私はその答えに驚きませんでした。結局のところ、彼女は進路に迷い、助けが必要でセッションを予約したのですから。けれども、会話を通して、問題は職探しではないことに気づきました。それはもっと大きな問題の兆候にすぎなかったのです。カティアは根本的に、自分の核となる真実、つまり自分のアイデンティティから切り離されていました。

私はクライアントとよく「自分らしさ」をテーマに話し合います。伝統的な占星術では、アイデンティティは太陽系の中心で輝く生命力の強い星、太陽と最もよく関連づけられます。文字通り太陽は輝くために存在し、その暖かい光は生の自信につながるのです。**バースチャートでは、この天体[注10]は自我、アイデンティティ、自己意識と結びつけられます。**

もちろん、地球に住む私たちから見れば、太陽は日々、変化しています。最初はゆっくりですが、東から昇るにつれ、勢いを増します。高くなるにつれて、ますます勢いを増し（強く、明るく、熱く)、真昼に最高点(ミディアム・コエリ)に達します。[注11]それは『ライオン・キング』の中のセリフ、「太陽の届くところ、すべて我らの王国だ」のようです。そして、すべてがその力強い光に包まれるのです。その後、太陽は下降を始め、どんどん低くなっていき、ついには西の地平線の彼方に消えていきます。日中の支配が終わり、夜(月の領域)の始まりを告げるのです。

太陽の素晴らしいパフォーマンスに私たちは日々頼っています。でも、この太陽の動きは、季節的なものでもあります。太陽は、早朝と昼下がりではまったく異なるエネルギーを発します。昼下がりにはスポットライトを浴びている歌姫のように注目を集めますが、早朝は違います。冬の太陽は、夏ほど長く高くは空にとどまりません。夏の太陽はステージに立つ時間が長くなります。

従って、占星術師は天空における太陽の物理的な位置、サイン(西洋占星術で主に使用されるトロピカル方式は四季に対応)、他の惑星とのアスペクト[注12]など、さまざまな要因に基づいてバースチャートの太陽を解釈します。これらすべての情報から、その人のアイデンティティや自己意識、そして潜在的な障害や課題を知ることができます。

例えばカティアの太陽は乙女座、第8ハウスにあり、それは変化と、親密さ、継承(財政・感情の両方)と関連付けられます。カティアの太陽と金星(ともに価値を表す天体)はコンジャンクション(すぐ近くに位置している)し、彼女の主張する「価値」を他者がどう考えるかに影響されていることを示します。そのうえ、カティアの乙女座にある太陽は、魚座にある土星と緊迫した権力闘争に陥っています（両者は21度でオポジション〈180度〉）。土星のテーマ（男性、父親、家父長的システム、仕事と受託者責任に関連する物語）は、彼女の個人的なアイデンティティと対立していることを示しています。

けれども、この太陽と土星のオポジションが問題ではないのです。惑星のアスペクトは決して因果関係によるものではありません。占星術は物事を起こすのではなく、すでにあるものを照らし出すだけなのです。これを視覚化するために、6時を指すシンプルな時計をイメージしてください。時計は6時という時刻を引き起こすのではなく、現実を映し出しているだけです。同じように、カティアの太陽と土星とのハードアスペクトがこの内なる緊張をつくり出しているのではなく、単に今の状態を示しているにすぎないのです。

そして私たちが時計に何か加えるとしたら、月を意味する28日の針、太陽に象徴される365日の針、木星に象徴される12年の針などを加えることで、時間をより大きなスケールで視覚化することができるでしょう。占星術は確かに、サイクルの折りたたみと展開の観察方法の一つにすぎません。

太陽の日々の動きは、生命が運動によって定義されることを想起させます。毎日、太陽が昇り、輝き、沈むのに従って、あなたは常に自己の認識を調整し、磨き上げ、完成させるのです。個人のサイクルに出入りしながら、あなたはさまざまな価値体系を探求し、自分の好みを変え、微調整するでしょう。このすべてを24時間で？　それは本当に特別なことです。

太陽が太陽系の中心に位置しているように、この本全体がアイデンティティを中心に据えているのは、占星術が基本的に自己理解、自己愛、自己への思いやりを深めるためのツールだからです。個人的な真実の層を剝がしながら前進する時、私は思いやりのある好奇心を持って進むことをおすすめします——いつも容易なこととは限らないと気づくでしょうが。昔の記憶を呼び起こしていても、つらい感情に真っ向からぶつかっていても、単に倦怠感《けんたい》を感じているだけでも、人生はつらいものです。しかし、占星術を使って最高の人生を送る唯一の方法は、自分の現実（良いことも、悪いことも、醜いことも）を白日の下にさらすことです。**太陽のように、あなたも輝く価値があるのです。**

★

このセッションの前半で、カティアは自分のことを「忠誠心が強い」と事もなげに言っていました。まったくその通りで、この自己描写は、私のバースチャート解析と完全に一致するものでした。カティアに、両親と意見が合わなかったことがあるかと聞くと、「いいえ」と答え、いつも両親のルールを守っていると言います。

「私は両親を愛しているのです。尊敬しています」と説明しました。

「本当にね。でもそれは自分自身に対しては、失礼じゃないかしら」

まるで私が彼女の笑いのツボを押したかのように、カティアは反射的に笑い出しながら言い

チャート2

カティア

1995年9月14日
午後4時12分 EDT

アセンダント　山羊座
月　牡牛座
太陽　乙女座

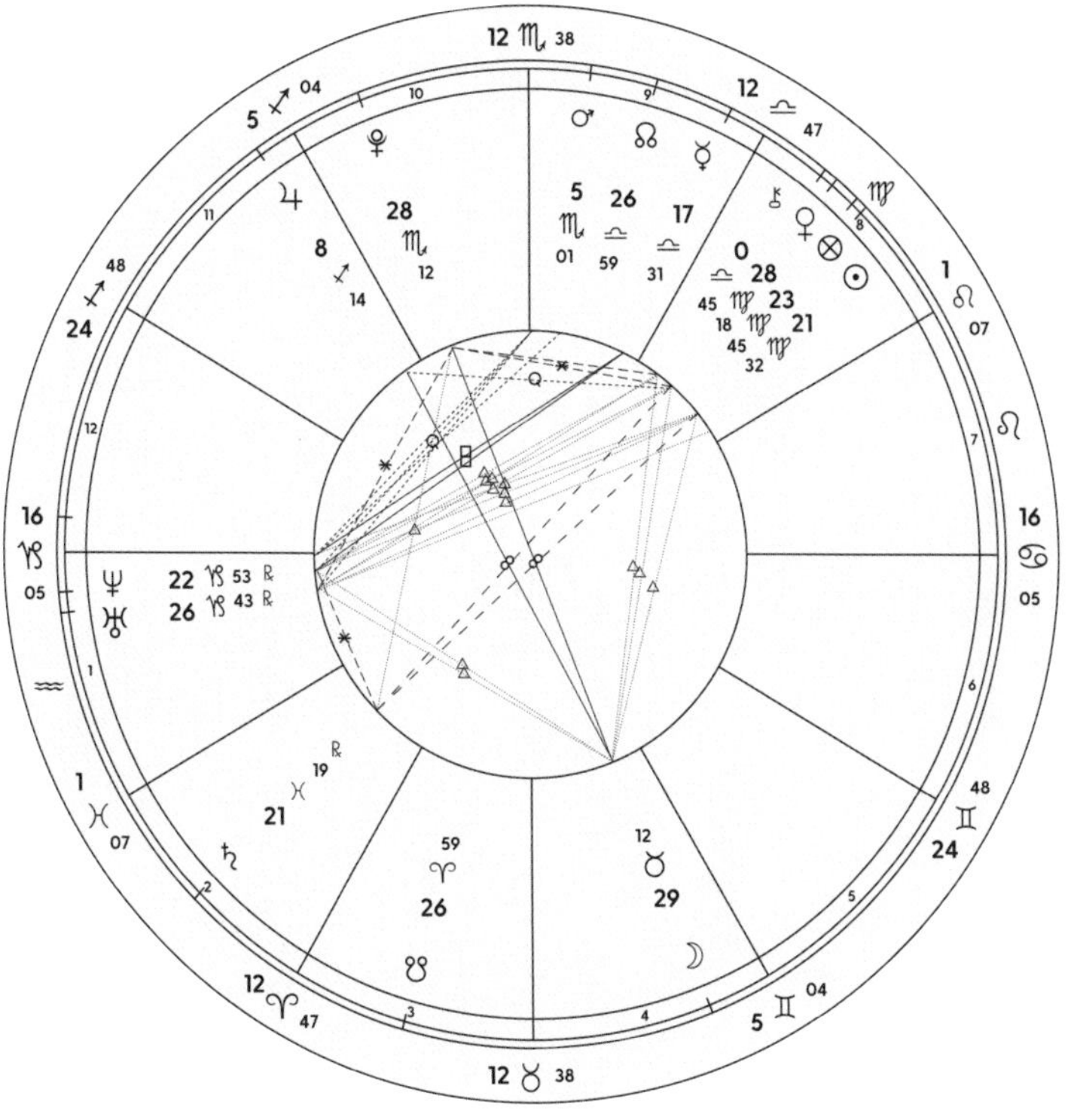

ニューヨーク州シラキュース　TLT 15:07
43N03, 76W09　ST 14:40:43
プラシーダス

☉太陽　☽月　☿水星　♀金星　♂火星　♃木星　♄土星　♅天王星　♆海王星　♇冥王星
♈牡羊座　♉牡牛座　♊双子座　♋蟹座　♌獅子座　♍乙女座　♎天秤座　♏蠍座
♐射手座　♑山羊座　♒水瓶座　♓魚座　⊗パート・オブ・フォーチュン　⚷カイロン
☊ドラゴンヘッド　☋ドラゴンテイル　℞逆行

ました。「わからない――難しい質問ですね！」

占星術のセッション中に太陽が沈み始め、カティアは自分の現状に疑問を感じ始めていました。彼女は自分の周りの人を喜ばせるよう生きてきました。たぶん彼女は子供の頃、両親と同じことをすると褒められたのでしょう。そして、逆らうと罰せられたのかもしれません。私たちはきっと、さらなる会話とバースチャートの探求によって、その物語を明らかにすることができるでしょう。しかし、その背景がどうであれ、カティアの座標は明らかでした――彼女は自分自身との接点を失っていました。

もちろん責めるべき人も場所もありません。カティアの周囲の誰もが、純粋に彼女の成功を願っているように見えます。基本的な問題は、カティアの世界が広がり、彼女の選択がもはや両親だけでは決められなくなったということです。今、カティアはボーイフレンドやその家族の影響も受けていて、彼女によれば、彼の両親は「義理の親になるかもしれません」。つまり、自分を印象付けたいもっと大事な人ができたのです。これだけ対照的な考え方の人がいる中で、彼女はみんなを幸せにすることができるのでしょうか？

「聞いて。誰かがあなたにやってほしいことなど関係ありません」

私は冷静に言いました――私の中の山羊座が出てきました。「あなたは自分が望むことに集中する必要があります。カティア、あなたは自分の意見を変えることができます――拘束力のある契約書にサインしているわけではありません。今必要なのは、自分の直感、情熱、内なる導きとつながること。これは自分で決める練習なのです」

「言うは易く、行うは難し」であることはわかっています。その厳しい真実とは、カティアがこれまでの人生を、他人を受け入れるのに費やしてきたということです。彼女は、どうすれば他人の期待よりも自分に必要なことを優先し、自分で決めることができるのか、その方法がわかりませんでした。確かに、カティアが自分で決めて進むためには、ゼロから始めなければならないのです。物質界（外的世界）とアストラル界（内的世界）の両方に働きかけて、彼女は自己の感覚を現実化させる必要がありました。

読者の中にもカティアの物語に全面的に共感する人がいるでしょう。実際、多くの人が社会の期待から抜け出して、自分のアイデンティティをはぐくむのに苦労します。外界からの非難というリスクを負うより、「筋書きにそって」「役を演じる」（カティアの場合、「良い娘を演じる」）ほうが簡単です。**けれども、人を喜ばせるという短期的な解決法は、長期的には問題を生じさせます。他人の基準で自分の価値を決めると、自分だけの旅を放棄するだけでなく、有害な力学の影響を受けやすくなります。**

エナジーバンパイア（あなたの感情を枯渇させ、消耗させ、崩壊させる人）は、遠くからでもあなたの弱さを嗅ぎつけます。だから、もしあなたが身近な人に支配・操作されているような関係の中でも自分自身を見失わずにいたいなら、他の誰のためでもなく自分のために輝いていることを確かめるために、あなたの象徴である太陽に問いかけてください。

しかし、カティアの話に目を丸くする読者もいるでしょう。結局、カティアの「障害」は恵まれた立場ゆえのものです。いい大学を出て、愛するボーイフレンドがいて、協力的な両親もいて――仕事はないが、気づけばとても快適な住まいに身を置いている。やれやれ……贅沢な悩みだねえ、という感想です。

カティアの「挑戦」の物語がおとぎ話のように思えるのも、もっともなことです。しかし、だからこそ、カティアの語りが重要なのです。一見安定しているように見える状況でも、私たちは簡単に自分のアイデンティティを見失うことがあります。

ですから、客観的にもっと厳しい状況にあった人（特に幼少期の厳しい環境、虐待的な家族関係、制度的な差別など、長期にわたるトラウマにさらされていた人）は、自分の核となる真実と自身を一致させるのがますます難しくなっていることに気づくかもしれません。あなたが闘争か逃走を選ぶ時、あるいは凍りついたように身動きがとれない時は、自己実現するためではなく生き延びるために活動しているのです。こうした人たちにとって、自分を輝かせるもの――太陽が望んでいること――を祝うプロセスは、最も大事なものです。

★

ほとんどの場合、個人の成長はわずかなものです――個人の発達は穏やかで、着実で、漸進的なのです。けれども一貫性は、静止と混同されるものではありません。人生は、まさに動くことによって決まるのです。同じように、「快適すぎて、自動運転に移行してしまう」のも当然といえます――自動運転に移行したとたんに突然、思いがけない、前例のない成長へと駆り立てられ、あなたの現実のあらゆる側面を一変させるのです。第1章で述べたTANC（偶然はない）です。

アイデンティティは太陽に支配されることを知ったら、つまりはこの文字通りのスーパースターが主役であることを覚えておかなくてはなりません。そう、太陽は毎日、昇っては沈みますが、それが惰性となることはありません。一つだけ、はっきりさせておきましょう、太陽は決してその日課を陳腐なものにはしません。新鮮さが消えるなんてありえない！　太陽は毎日、朝を待ち望んでいます。日の出は新たな出発を意味し、この明るい光源が姿を現す新たな機会であり、精緻な忘れがたい登場となっています。空は太陽の舞台となり、この天体は歌姫としていつでも輝く準備ができているのです。

宇宙の星と同じように、あなた自身のアイデンティティも、堂々とした姿で輝いているはずです。もちろん、このことは、あなたが大胆であったり、不愛想であったりする必要があるというわけではありません。あなたが内向的か外向的か、内気か社交的か、穏やかか活発かは関係なく――率直に言って自分を定義する必要すらないのです。誰が気にするでしょう？　**毎日、毎日、ただ「自分であること」を選びましょう。**

あなたのアイデンティティを現実化するとなると、自分らしい輝きを受け入れることが譲れません。私たちの祖先が、日々の経験を星々に重ね合わせるための複雑な言語を発達させてきたことを考えると、人類はこれを細胞のレベルで理解しているようです。つまり、人間は「自己発見」をするようにできているのです。私たちは空を測量し、現実を映す地図を作りました——占星術は基本的に高性能なＧＰＳです。

けれども、これには落とし穴があります。自己実現への最短ルートを描くための強力な追跡装置として、占星術を正しく利用する前に、自分の立ち位置を知る必要があります。つまり、グーグルマップが電波のないところでも確実な道案内をしてくれるとは思わないでしょう？　宇宙はあなたを導くことはできますが、あなたの運命を決めることはできないのです。

★

占星術の本では著者について学ぶことはめったにありません。これには、おもに2つの理由があります。

（1）占星術はいつも「懐疑主義者」によって精査されているので、占星術師はその専門性を正当化するために2倍の努力をし、裏付けの乏しい「ご託宣」よりも厳密な解釈に沿った事実を選んで発表する。

（2）占星術師は一般的に、ほとんどの人が自分について知るために星を研究していることを知っている。

占星術師の個人セッションであれ、12星座についての記事であれ、その素材は魅力的で親しみやすいものでなければなりません。つまり、セッションを予約する時、あなたはプロの占星術師のバースチャートの解釈を知りたいことでしょう。もし、占星術師が60分も自分のことをしゃべり続けていたら、変ですよね。

本書の初稿では、私はこの暗黙のルールに従っていました。クライアントに焦点を絞り、中立性を保つよう努め、全知全能の語り手の声を作り上げました。個人的なことを書こうとするたび、私の人差し指はキーボードの右上にありました。デリート、デリート、デリート。やりすぎだ、自分をさらけ出しすぎている……これはあまりにも極端な話だし……私は批判されるだろう、と。

でも、この内なる葛藤は、今に始まったことではないのに気づきました。実は、私が占星術を学び始めた約10年前には、他人からどう見られるかを恐れていたのです。当時の占星術のイメージは、エッセンシャルオイルを浴び、トルコ石のアクセサリーを過剰に身につけている風変わりな大叔母のためのものという感じでした。私は占星術の美学を高く評価していたのですが、私個人の雰囲気とは明らかに違いました。

私は専門家になりたかったのです。あるいは知的になりたかったのかもしれません。どちらにしても、周りの人に真剣にとりあってもらいたかったのです。私は個人的に占星術を学び、数人の親友には私の興味をシェアしました。けれども、自分の情熱を公言するのは……まったく別の話です。きっとばかにされ、社会の主流からはじき出されるでしょう。占星術と付き合い始めたら、もう普通の生活には戻れない。どうして評判の良い仕事に戻れるでしょうか？　恋愛はどうでしょう？　誰が占星術師と結婚したいと思うでしょうか。

そう、私は占星術師として働くことで、普通の生活を送れなくなることを恐れていたのです……でも、冗談じゃない。まず私は、普通の生活を望んだことは一度もありません！　幼い頃の記憶でも、自営業を思い描いていました。自分でスケジュールを立て、創造性を高め、普通ではない環境でキャリアを積んでいくのです。もちろん、自分が何をすることになるか――天職そのものは、常にあいまいでした。しかし、想像力を膨らませると、私の人生は広大で、自分だけのものであると思えたのです。

そして不謹慎な言い方ですが、私は定職に満足したことはありません。専業占星術師になる前は、金融会社の事務スタッフ、セレブリティの個人秘書、レストランのウェイトレス、コンピュータ・ショップの販売員、5人家族の子供の子守、アートギャラリーのディーラー、フィットネスクラブの受付など数えきれないほどの職につきました。どこで働いていても、どれだけ収入があっても、私はいつも何か他のことをしなければならないような気がしていました。

今思えば、どの仕事にも不満があったのは、自分の真実を尊重できていなかったからです。私は不安で、怖がっていて、自分の潜在能力を疑っていました。つまり、自分が望む人生を送るだけの価値がないと思っていたのです。なので、選択肢は限られていると思い込んでいたのです。

これは恋愛関係でも同じでした。かつて私が恋に落ちるのはある特定のタイプの人でした——私を雑に扱う男性とばかり付き合っていたのです。彼らは真剣な交際はおろか、夕食の約束さえ守れませんでした。恥ずかしながら占星術師の肩書きが、私を「恋人には向かない女」にしてしまうのではないかと心配していたことを認めざるを得ません。自分が占星術師であろうが、天文学者であろうが、宇宙飛行士であろうが、違いはないのに。

問題は、私を尊重しない男性に引かれたという事実です。なぜでしょう？　それは私自身が自分を尊重していなかったからです。私がついに占星術への憧れをオープンにしようと決心した時——最初のデートで神秘的で難解な話題について話して、私がずっと一緒にいたいと思える素晴らしい人に出会ったのは偶然でしょうか？　違います。ＴＡＮＣです。

現在の私から見ると、占星術を通じて自分の真実を受け入れてよかったのは明らかです。実際、失ったものは何もなく、得たものばかりです。今でこそ簡単な算数のように思えますが、当時はこれに気づいて本当に驚きました。というのも、**問題は占星術を受け入れることではなく、自分の価値を受け入れることだったからです。**

それは、何十年にもわたる痛みと恥辱と疑念を乗り越え、他人の期待から離れ、自分が本当に望むもので満たされるのを自分に許可することでした。

あなたがこれから先に進む時、太陽とアセンダント（上昇宮）との関連を考えてほしいのです。

アセンダントは常に左側にあり、通常の時計で言えば9時の位置にあります。アセンダントは、あなたが生まれた瞬間に、どのサインが東の地平線上に現れていたかを示しています。それは2分ごとに度数が変わる敏感な場所で、占星術師が正確な出生日時のデータにこだわるのはそのためです。

占星術を学び始めた頃、アセンダントは「人前でつける仮面」と、よく表現されていたことを覚えています。私はこのことを概念的には理解していたのですが、実際、応用が利きませんでした。どうして私は人前で仮面をつけるのでしょう？　それにはどんな意味があるのでしょうか？　アセンダントは実際何をしたのでしょうか？

友人や親戚のチャートを調べ始めてから、アセンダントがどのように作用しているのかがわかるようになりました。**アセンダントは、あなたの現実の舞台を設定します——仮面ではなく、人生のジャンルです。**アセンダント獅子座の人は、ドラマチックで、人生よりも大きな、創造性にあふれた世界を行き来し、アセンダント魚座の人は現実を詩的で神秘的な、ちょっと異世界のようなものとして体験します。

アセンダントは、第1ハウス（あなたのバースチャートの自我を表す領域）を確立するものですが、なぜあなたの太陽は輝く必要があり、月は感じる必要があり、水星はコミュニケーションを必要とするのか等々を説明します。アセンダントはあなたの太陽に加えて、どうしてあなたがあなたであるのかを理解する手助けをします。どんな困難を乗り越えてきたのでしょうか？　どんな山を登っているのでしょうか？　どんなスリルを求めますか？　もちろん、アセンダントだけであなたの個性は説明できません――惑星や記憶、社会や環境など、数えきれないほどの要素が複雑に絡み合っているからです。しかし自己実現に関連することとして、アイデンティティを解明するプロセスは非常に貴重です。簡単に言うと、自分の立ち位置を知るためには、自分がどこにいるのかを知る必要があります。あなたの物語にこの話を適用するには、〔表3〕を見て、さらに考察を深めてください。

自分の真実を尊重することは、自分を愛することです。つまり、自分には幸せになる資格があり、最高の人生を送る価値があることを認めることです。さあ、私はあなたにトーチを渡しましょう。結局のところこれがあなたの運命です。

復習

◇アイデンティティを明確にすることは、自己実現に不可欠。
◇他人の期待より、自分の望みを優先しよう。
◇常に正直であることは、自分の真実を尊重するのに役立つ。
◇アセンダントは、あなたが世界をどのように体験しているかを明らかにする。太陽は、あなたがその体験をするためにどのようにこの世に生まれてくるかを象徴している。

	火星	木星	土星	天王星	海王星	冥王星
牡羊座	エネルギッシュ 衝動的 負けず嫌い	向こう見ず 熱心な 自我が強い	せっかち パワフル 情熱的	流行を仕掛ける 急進的	自己投資 直感 超常的	異彩を放つ 個人主義
牡牛座	官能的 頼りになる 強情	確固とした 機を見るに敏な 定性的	計画的 伝統的 我慢強い	現実的 効率的	超常的 有機的	粘り強い 独創的
双子座	移り気 活発な 活動的	多才な ませた 機略に優れた	目ざとい 体系的 いら立ち	社会革新者 社会規範にとらわれない	斬新 移り気	多才な 破壊的
蟹座	控え目 直感的 防御的	気遣う 家族の 歓待する	責任感のある ひたむき 良識ある	表情豊か 予知能力者	気まぐれ 同情心が強い	保守的 防護
獅子座	表現豊か 威厳 自信に満ちた	ポジティブ 励みになる 向上心のある	誇りを持った 尊大な 極端	オリジナルの 大胆不敵 勇敢な	芸術的 空想的	注文が多い 自我が強い
乙女座	行動力 完璧主義 管理する	分析的 注意深い 賢い	真面目な 整然とした 生産的	優秀な 明敏な	目的のある 妄信的	癒し 受難
天秤座	素直でない 人を気にかける 言質を与えない	調和 客観的 賢明な	機転の利く 協力的 公正	注意深い 協調的	慈悲深い 丁重な	節度ある やわらげられた
蠍座	戦略的 パワフル 性行為	徹底的 極端 パワフル	専念 物知り 忠誠心	力強い 心理的な	神秘的な 肝の据わった	感情的 奥義に達した
射手座	草分け的 恐れ知らず おおらか	運がいい 理想主義的 先見性	独立心 反抗的 無限の	鋭敏な 理論的	神話的 独善的	世俗的 手に負えない
山羊座	計画的 忍耐強い 回復力のある	現実的 戦略的 成功した	やる気がある 目標指向の 教養のある	野心的 進取の気性	見識のある 忠実な	機を見るに敏な 無慈悲な
水瓶座	最初の 反抗的 先見性	利口な 社会意識の高い 進歩的	有能な 科学的 知性のある	型破りな 独創的	構造改革 求心力のある	人道主義 不安定
魚座	無組織の さまよって 無限の	サービス指向の 相互接続 スピリチュアル	スピリチュアル 生殖力のある 無限の	ニュアンス 超越した	感覚的 自己犠牲	更新する 変革を起こす

表3　惑星・サインのキーワード

	性質	アセンダント	太陽	月	水星	金星
牡羊座	火 活動宮	アクティブ 自信 機敏な	駆り立てられる 権威のある 個人主義	熱中 落ち着きのない 自発的	頑固な 積極的に発言する 理想主義	パイオニア 大胆 しっかりした
牡牛座	地 不動宮	律儀 現在 構造化された	地に足のついた 粘り強い リラックスした	居心地の良い 安定した 豊かな	物怖じしない 頑固な 単刀直入	傾倒 豪華 無関心
双子座	風 柔軟宮	社交的 おしゃべり いくつもの仕事を同時にこなす	好奇心の強い 遊び好き 要領がいい	理知的 知性に訴える 散漫	記憶力 雄弁な 素早い	流動的 つながった 触発された
蟹座	水 活動宮	保護する 守られている 親切	保護する 情に厚い 育てる	繊細な 直感 創造的	素直でない 詩的 優しい	養育 愛情深い 昔ながらの
獅子座	火 不動宮	陽気 温かい エネルギッシュ	誇りを持った 創造的 寛大な	誠実 親密な 熱愛する	芝居がかった 魅惑的 表情豊か	情熱的 急進的 強迫的
乙女座	地 柔軟宮	冷静 助けになる 博識	論理的 現実的 正確な	几帳面 信頼できる 寛容	細部に気を配る 気が利く 批判的な	選り好みする 世話 理想主義
天秤座	風 活動宮	エレガント 人をひきつける 魅力的	カリスマ 上品な 如才ない	関係性 美学 調和	思慮深い 気が利く 優柔不断	浮気 ロマンティック 褒めそやす
蠍座	水 不動宮	情熱的 パワフル うっとりさせる	野心的 勇敢 正直	深い 情熱的 誠実	調査好き 辛辣な 錯覚を起こさせる	真実の追求 献身的 嫉妬深い
射手座	火 柔軟宮	ウィットのある 賢い 物語を語る	触発された 開放的 哲学的	洞察力 情熱的 向こう見ず	単刀直入 楽観的 頭が切れる	熱心 遊び好き 純真な
山羊座	地 活動宮	平然とした 起業家精神 成熟している	勤勉 入念な 地に足のついた	自制心 揺るぎない 落ち着いた	明快 論理的 真面目	伝統的 誠実 本物の
水瓶座	風 不動宮	超然とした エキセントリック 唯一の	自由奔放 知性に訴える 革命的	孤独を好む 気安い性格 熟慮	厳しい 好奇心旺盛 学究的	反逆児 唯一の 倫理的
魚座	水 柔軟宮	超自然的 魅了するような 情に厚い	想像力に富む 創造的 異世界の	自分の中に取り込む 共感(エンパス) 芸術的	開放的 創造的 同情	受容力 優しい 芸術的

内的（アストラル界） 自由連想法

人生はストレスに満ちていて、ただ持ちこたえるだけで精いっぱいです。でも、どんなに忙しく疲れていても、自分自身と向き合う時間をつくることは重要です。というのも、何かを実現するためには、そもそも自分が何を望んでいるのかを知る必要があるからです。そして、自分の意思が断片的であってはいけないと思うのです。あなたの夢は、あなたの意識の３６０度全方位を映し出す、より大きなものの一部なのです。

自分のアイデンティティを再調整するための最初のステップは、アストラル界に働きかけること――つまり内的な、精神の領域に働きかけることです。私はクライアントと一対一で接する中で、**自由連想法**の練習が自分の心理を探るのにとても有効なのに気づきました。自由連想法は個人的な瞑想法で、地に足をつけ、自分の価値観を整え、自分のマニフェステーションのエクササイズを強化するのに使える語彙を増やしていけます。実際、このエクササイズの目的は、心を漂わせることです――つまり、あなたの精神を運転席に座らせ、潜在意識の隅々にまで積極的に導くことができます。想像力が膨らむと、どんなことが起こるでしょう？　特定のテーマが浮かび上がってきますか？　思いがけない発見がありますか？　膝を打つような反応は、あなたの内なる真実について何を明らかにするのでしょうか？

90ページの言葉のリストはあなた個人の創造力の出発点です。それぞれの言葉から何が思い浮かぶでしょうか？　もしかしたら、別の言葉？　歌？　絵？　あるいは自己発見を増幅させる強力な突破口でしょうか。ノートやスケッチブックに書き留めても、声に出しても、どちらでもかまいません——素早く答えることが大切です。自分をジャッジしたり、吟味したり、妥協したりするようなことは避けましょう。このエクササイズのポイントは外部の影響から独立して自分の核と一致することなので、考えすぎないようにしましょう。最も重要なのは、このエクササイズはあなたの心を開くものだということです。おかしな連想も楽しんで、そして何が出てくるか見てみましょう。

アイデンティティのためのマニフェステーション

外的（物質界）「真の自分」を着る

マニフェステーションのエクササイズを強化するために、私はアストラル界と物質界の両方に取り組むことをおすすめします。そうすることで、あなたの内的体験とその外部への応用をスムーズにつなぐことができます——これは特にアイデンティティに関することについては重要です。つまり、あなたは自分が感じていることと、他の人が自分をどう見ているかを一致させたいですよね？　「やりたい仕事のための服を着なさい」という古い格言をご存じでしょう。

子犬　例：肉球の絵を描く

椅子　例：クッション、ヒョウ柄、金、過激主義

どんぐり	回転	愛
ガラス	時計	騒音
コーヒー	システム	努力
警報	ビール	ハーブ
電話	アイコン	紫
コンピュータ	調べる	約束
戻る	芸術	森林
仕事	勉強	反応
弾む	限界	ろうそく
銀	安全	ネズミ
登る	きれいにする	アイデンティティ
成功	マスタード	歩道
バランス	ディスコ	星
札入れ	影	あくび
今	赤ちゃん	養育
屋根	泡	ゆっくり
記録	ゼロ	透明度
牡牛	シャンデリア	サーフィン
失う	スズメバチ	垂直
くしゃみ	小さなアクセサリー	鏡
ブランド	握手	自己

さて、次のエクササイズは、そのコンセプトをさらに発展させ、あなたの人生のあらゆる側面に適用します。自分のアイデンティティを完全にあなた自身のものにするために、**「真の自分」を着る**練習をしましょう。

まず、自分の中核となる属性をいくつか選びます（もしあなたがどこから始めていいかわからなければ、自由連想法でアイディアを出してみてください）。それから、ワードローブにそれぞれの特徴を反映した服、靴、アクセサリーを探してみてください。もし、あなたの感性に合うものがないのなら、あなたがそのエネルギーともっとつながらなくてはならないことを示しています。その良さを表現する新しいアイテムで、自分を包んであげましょう――自分へのご褒美に。高級品である必要はなく、例えば安いサングラスでも十分です。

例えば私が自分のことを野心的で、遊び心があり、感受性が強いと表現するとします（実際そうなのですが）。自分の野心的な属性を伝えるために、母から譲り受けた80年代後半のヴィヴィアン・ウエストウッドのジャケットを選びました。すでにミーティングの95％はこれを着て出ており、このジャケットを意図的に悪女のエネルギーと結びつけているのです。

そして、私の遊び心は大胆なアクセサリーで表現しています。選んだのは長さ13センチの金色の骸骨のイヤリングで、ハロウィン・グッズの店で10ドルで買ったものです。不気味で、ばかげていて――あえて言えばキッチュでおしゃれです。

私の感受性の強さを表すもの（自分のこの性格には注意が必要だと警告してくれるもの）を探す

のは少し苦労しましたが、ついに5歳の誕生日にプレゼントされた金のロケットに落ち着きました。両親が離婚する前の家族のことを考えると、いつも感情的になります。だからこのネックレスにはノスタルジックな意味があり、思いやりが大切であることを教えてくれます。

自分が身につけるものを選んだら、「真の自分を着る」実験をしてみてください。あなたのそれぞれ異なる性格を表すアイテムを、それぞれの特徴を強調したい時にいつでも身につけることができます。職場で上司に能力があることを示したい時。あるいは、好きになった人へのときめきを表したい時。あるいは義母に「私にかまわないで」と伝えたい時？　クローゼットをエネルギーに満ちたアイテムでいっぱいにしましょう。そのエネルギーは、あなたの物質界での特徴を表すアイデンティティを示すためのものです。

確かに、洋服が人をつくるわけではありませんが、世界とコミュニケーションするための強力な手段なのです。同じように、何の意図もなく受け身で服を着るのではなく、「着ること」を自己表現のための革新的なエクササイズとして捉え直してください。

自分の真実を装うことが心地よくなればなるほど、日々、自分の真実を生きていることになります。何事も練習が必要です。自分を知るためには、エクササイズに完全に没頭することが最良の方策です。今のあなたとこれから変わろうとするあなたが交差するポイント、これがあなたの物語です！

金銭は
感情的な波動である。
@alizakelly

第3章

お金は感情でつくられる

「お金との関係を変えるには
どうしたらいいでしょう？」

「なぜ私は金運が悪いのでしょうか？」

「豊かさを生み出すにはどうしたらいいでしょう？」

「私はいつ経済的に豊かになれるでしょうか？」

この章を始める前に、お金は感情的な波動ではあるが、現実の通貨でもあり、暴力的な武器でもあることを明確にしておきます。制度的人種差別は現実のものです。階級格差も実在します。賃金格差も現実に存在します。他にもお金が抑圧の道具として使われることは、数え切れないほどあります。基本的にお金は権力の象徴であり、資源へのアクセスを制限することで不均衡に分配されてきましたし、その不均衡は今も続いています。これは無視できないし、無視してはならないことです。

お金のマニフェステーションは、絵空事ではありません。背景には社会的な抑圧が、歴史的にも現代の現実にも、常に存在することを認識しなければなりません。ですから、あなた個人の豊かさを現実化させる時は、必ずその意図を外側に広げてください。マクロの世界でも、経済的な解放を実現させましょう。寛大であること、知識を持つこと、そして特権から恩恵を得ている人たちは特に、手放すことをいとわないようにしましょう。

自分の価値観を調べてみる

富という概念に魅了された占星術師には残念なお知らせですが、バースチャートでは金銭的に豊かになれるかどうかを予測することはできません。でも待って。まだお金に関する章の冒頭ですから、本を閉じないでください。占星術師があなたの経済状況を予測できない理由は、富という概念はまったくもって主観的だからです。

これから詳しく説明しますが、あなたの「経済的豊かさ」の感じ方は、あなたの現実に合うように特別に調整されたものです。まず、簡単な価値観を調べてみましょう。あなたの日記や心の目で探索して調べてみましょう。

◇私の価値観は過去から現在までどのように変化してきたでしょうか?
◇私の価値観はどのような点で変わっていないのでしょうか?
◇最後に自分の価値観が損なわれたと感じたのは、いつでしたか?
◇最後に自分の価値観が評価されていると感じたのは、いつでしたか?
◇自分の価値観に沿うためには、何が助けになるでしょうか?

思考を何にフォーカスするか

コートニーは1986年7月24日午前0時49分にカリフォルニア州フレズノで生まれました。セッションで何を探求したいかを尋ねると、彼女は現時点でのいちばんの関心事はお金だと答えました。「えー、お金について話してもいいですか」とコートニーは尋ねました。

「もちろんです、お金の話をしましょう」と私はうれしそうに答えました――本心からです。何しろ私は第2ハウスに月、そして第8ハウスにステリウム、アセンダントが山羊座です[注13]（この意味がわからなくても、ご心配なく――簡単に訳せば「私はお金の話が大好き」ということです）。

「よかった！　まあ、私とお金との関係はひどいものなんです」

コートニーは、一度に数百ドル以上の貯金ができたことがなく、正直、次の給料日まで手元にお金が残る生活をしたのはいつだったか覚えていないくらいだと話しました。彼女の拠点はロサンゼルスで、物価の高さは知っていますが、みんなうまくやりくりしているようです。彼女は自分に何か問題があるのか知りたいと言います。コートニーは呪われているのでしょうか。なぜ、豊かさを生み出すことが難しかったのでしょうか。

「それに、私はもう子供ではないんです」と彼女は続けました。コートニーは31歳になったばかりで、個人的な経済的苦境に加え、同僚たちが家を買ったり、株に投資したり、豪華な旅行に出かけたりすることを目の当たりにするようになったのです。「ただ圧倒された気分になって、

チャート3

コートニー

1986年7月24日
午前0時49分 PDT

アセンダント　牡牛座
月　魚座
太陽　獅子座

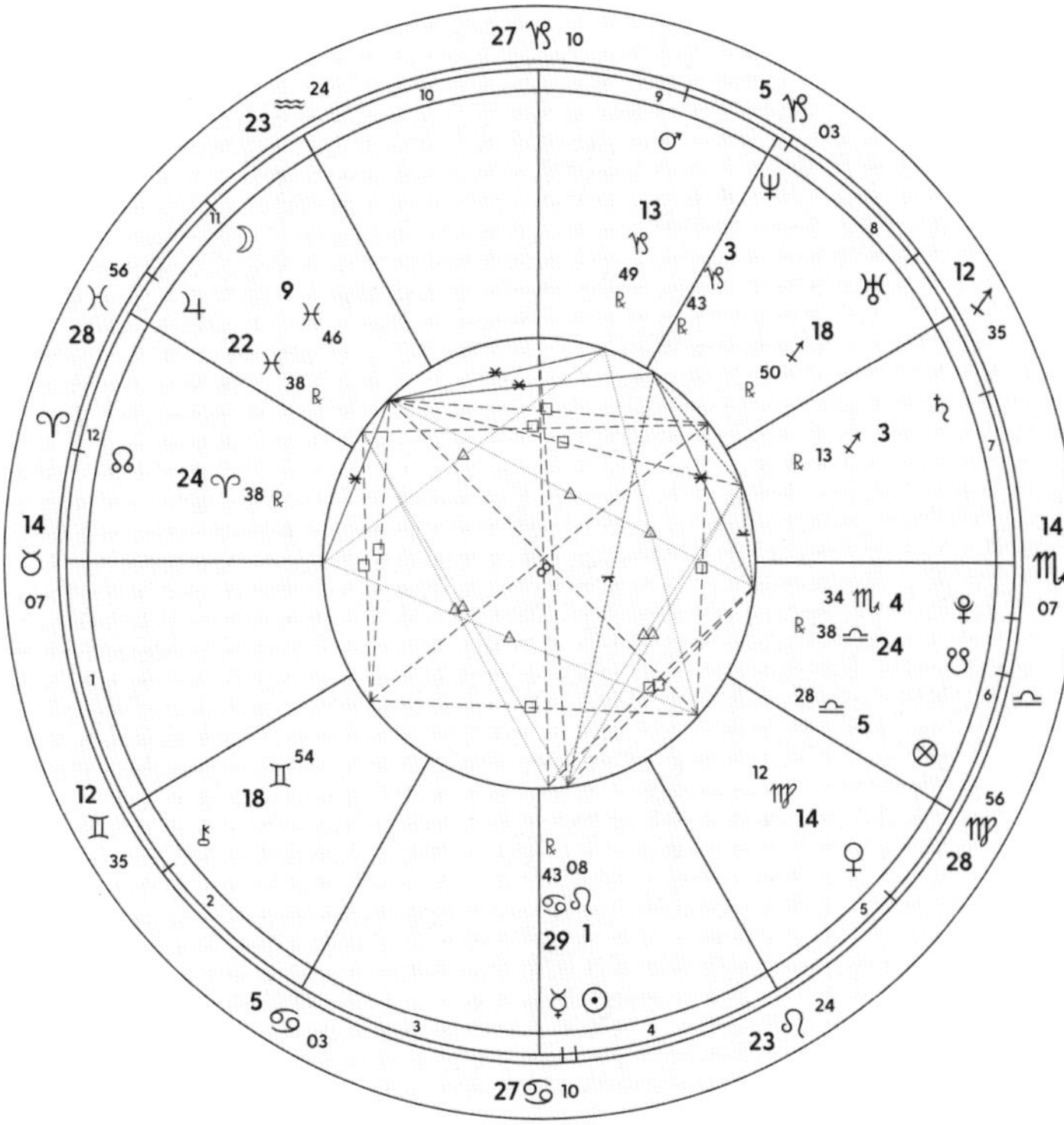

カリフォルニア州フレズノ
36N45, 119W46

TLT 0:10
ST 19:56:55
プラシーダス

☉太陽　☽月　☿水星　♀金星　♂火星　♃木星　♄土星　♅天王星　♆海王星　♇冥王星
♈牡羊座　♉牡牛座　♊双子座　♋蟹座　♌獅子座　♍乙女座　♎天秤座　♏蠍座
♐射手座　♑山羊座　♒水瓶座　♓魚座　⊗パート・オブ・フォーチュン　⚷カイロン
☊ドラゴンヘッド　☋ドラゴンテイル　℞逆行

自分が取り残されているように感じたんです」

ここで私は言葉をはさまなくてはなりませんでした。

「わかりますよ、コートニー。でも一つだけ。あなたの同僚たちはうまくいってるように見えるかもしれないけれど、他人の本当の経済状況なんてわかりません。たとえ親友でも。他人の資産、お金の稼ぎ方・使い方がわかることはないでしょう。ですから、他人と比べて心配するのはやめて、自分のことにまずは集中してください」と言いました。

私は彼女に「どうぞ続けて」と促しつつ、その前にはっきりさせたいことがあるので質問しました。「どうやって稼いでいますか、コートニー?」

彼女は不動産会社で秘書として働いていて、3年前に今の職を得ましたが、仕事に魅力を感じたから就職したのではなく、それなりの給料と福利厚生があったからでした。

「正直に言うと、とても恥ずかしく思っています。経済的な危機からこのつまらない仕事に就いたのに、今は給料をもらっていながら同じ状況に陥るなんて。勤め始めた時より悪くなっているんです」とコートニーは嘆きました。「呪われているのでは?」

「もちろん、違います」と私は答えました。「何が起こっているか確かめてみましょう。パターンを見つけ出さなくてはね。そこでお聞きしますが、その不動産会社に就職する前に、キャリアプランはありましたか?」

「ええ、私は写真家なんです」と彼女が答えました。

「わあ、すごいですね。では、写真家を目指していた時に何があったの？　どんな仕事を探したんですか？」

「私は、実際には写真家としてのキャリアを求めてはいなかったんです」

「どうして？」

「つまり、写真はお金にならないんです」

ピンポーン！　これこそ、私が望んでいた根本までたどることのできる明確な手がかりでした。もちろん私は彼女の経済的苦境を喜んだわけではありませんが、ワクワクしました。コートニーが彼女の悩みを多面的に明らかにする重要な手がかりを無意識に明かしてくれたからです。では、話題を問題から解決へと変え、コートニーを持続可能な繁栄の軌道に乗せましょう。

何が起こったかわからないという熱心な読者のために、説明させてください。

前述の短いやりとりの中に、コートニーの経済状況について重要な情報がたくさんありました。まず、彼女の問題は一時的なものではありません。つまり、彼女とお金との最悪な関係は、失業や巨額の医療費といった予期せぬ金銭的惨事によって生じたのではなく、むしろ彼女の通常の状況を示しているのです。言い換えれば、コートニーには金銭的不安を感じていることが心地よい状態になっているのです。

彼女の経済的な問題が長期に及んでいたこと、そして「呪われているのではないか？」と絶えず問いかけていたことが、気になる点でした。しかし、本当の突破口は、彼女がふと漏らした言葉でした。「写真はお金にならない」。わかりました！　それはいい加減な一般論であるだけでなく（ほとんどは間違ってもいて、写真家として経済的に成功する方法はいくらでもある）、コートニーの病をあらわにもしたのです。彼女は欠乏にフォーカスする思考法に悩まされていたのです。

この思考法は、家族で遺伝的に受け継いでいるか、経験を通して身につけたか、あるいはその両方かもしれません。欠乏にフォーカスする思考法は、その人に合わせて形成されます。つまり、その人特有のものです。しかし、何を探せばいいのかがわかれば、それを識別するのはとても簡単です。**欠乏にフォーカスする思考法は破壊的なフィードバック・ループであり、経済的な成長を制限してしまうメッセージを宇宙へ送るものです。**

お金がない、お金にならないと思っていると実際にお金に困る、というこの思考法が逆説的に聞こえるなら……確かにそうです。ある意味、ちょっと残酷なジョークです。経済的不安が金銭的チャンスを奪うなんて不公平です！　しかしこれが、マニフェステーションを無限ループとして可視化することが重要である理由です。あなたの精神はあなたの現実を知らせ、あなたの現実はあなたの精神を知らせます。

この概念の理解を深めるため、欠乏にフォーカスする思考がどのような役割を果たすのかを見るために早速、マニフェステーション・カフェに立ち寄ってみましょう。ある客（リンダと呼びましょう）がこのカフェに入り、席へ案内され、メニューを受け取りました。リンダはとても難しい人です。食べられないものが多いので、初めてのレストランに行くと心配でたまりません。マニフェステーション・カフェは初めてなので、リンダは最悪の事態を想定していました。実際、彼女は彼らが間違いを犯すだろうと確信していました。そのため、注文をする時には否定的な表現で自分が欲しくないものを詳しく説明しました。

「この朝食プレートにします。でも、私は卵が嫌いで肉も食べられないの。グルテンフリーじゃないとだめだし、この前イチゴを食べた時に具合が悪くなったから、厨房には気をつけるように言ってください」

接客係はうなずいたものの、リンダが本当は何を食べたいかがわかりませんでした。通常、接客係は、わかりにくい注文は確認するのですが、リンダは「悪評を書きますよ！」という雰囲気を醸し出していて、状況をさらに悪化させたくなかった彼女は、リンダの注文を、リンダの欲しくないものをたくさん書き留めて厨房に行きました。

予想通り、コックも混乱しました。「うーん。朝食プレートは卵をベースにした料理だけど、本当にお客さまはこれを注文したんだね」

「ええ」と、接客係はため息をついて「でも……卵なしで、肉なし、グルテンなし、イチゴもなしです」

断片的な注文に悩まされながら、厨房はベストを尽くしましたが、リンダが何を食べたいかが定かではないし、料理には調味料もスパイスも、風味付けのかんきつ類の皮もない。それは、さえない、感動的でもない、極めて当たり障りのないものです。料理が出来上がり、リンダのテーブルに運ばれると、リンダはすぐにお皿の上の悲しい組み合わせに気づきます。

リンダは眉をひそめます。

「これがお客さまのお望みのものですよね」と接客係は緊張の面持ちで尋ねました。「召し上がれないものは、すべて避けるよう確認しました」と。

まあ、この憂鬱《ゆううつ》な料理はリンダが楽しみたいと期待したものとは明らかに違うのですが――技術的には何の間違いもなかったのです。それはまさしく、彼女が注文したものでした。

「ええ」、リンダは不満を感じながら言いました。「そう思います」

この物語は、何を説明してくれるのでしょう。マニフェステーション・カフェで描かれたように、あなたの外側の世界（実際に起こっていること）と心の中の次元（あなたの内なるエネルギーのある現実）には密接な関係があります。リンダは、食事に満足できないだろうと予想していました。それがきっかけとなり、最終的においしくない朝食となってしまったのです。

私のクライアントのコートニーも、物語の中のリンダと同様、不安と不信と制限を中心とした指示を出して宇宙に「注文」しています。セッション中でさえ、コートニーはお金を拒否する理由を並べ立てました。お金との関係が最悪、貯金ができない、貯金をしたことがない、ロサンゼルスは物価が高い、写真では稼げない、呪われている、などなど。コートニーはお金に苦労している理由を数え切れないほど挙げていますが……それは実質的に彼女がお金を受け取れる理由がまったくないということなのです。

一つはっきりさせておきましょう。あなたはコーヒーを買えるのですから、お金に苦労はしていません。申し訳ないのですが、あなたの経済的苦境に関してコーヒーをいれてくれたバリスタを責めることはできません。ネット上には「高すぎるラテ」と「アボカドトースト」でミレニアル世代とZ世代は破産するという投稿が繰り返されていますが、そんな投稿者にはこう言っておけばいいでしょう。裕福な人たちは高級なエスプレッソを飲み、アボカドを使った食事を楽しみ、それでもなお多くの富を蓄えています、と。

では、食べ物や飲み物が原因でないとしたら、金銭的な問題は何が原因なのでしょうか？占星術的には、お金に関係する惑星はいくつもあります。伝統的な占星術では、例えばベネフィック（吉星：金星と木星）は価値と豊かさを象徴しています。しかし、豊かさはお金だけでは測れません。実は、豊かさの概念は、銀行口座の残高よりも、あなたの感情的な視点と関係があるのです。**同様に、慢性的な金銭問題も、月によって最も的確に表現されます。お金は月の問題なのです。**

前の章で私たちは、太陽の日々のパフォーマンスと宇宙の観点から、この輝くスーパースターがどのようにアイデンティティを象徴しているのかを探りました。そして太陽は地平線の下へと姿を消して眠りにつく時、もう一つの光である月にトーチを渡します。

確かに、月は時に昼間に見つけることもできます……でも、澄みきった青空を背景に、月のあいまいな輪郭がぎこちなく露出しているように見えます。正直なところ、日没前に月を見つけるのは、誰かのトイレのドアを開けてしまったようなものです――わっ、そこにいるとは知らなかった、ごめんなさい――お互いに恥ずかしいという感じです。

実際、この天空の神秘的な衛星は、ビロードのような暗闇が好きなのです。夜空の星や惑星、渦巻く銀河の中にいるのが好きなのです。それはTANCです。というのも、月の占星術上での役割は、陰でなされる個人的な内省に最も関係しています。太陽の輝きを反射して、月は私たちに外界の現実をどう感じているかを問いかけています。あなたは日々の経験を感情的にどのように処理していますか、と。**内的世界を象徴する月は、感性、直感、育成を表します。**

太陽と同じように、月もまた毎日昇り、そして沈む、非常に信頼性の高い天体です。けれども、太陽のふるまいが季節ごとに変化するのに対し、月の気分は常に変化しています。月が太陽の約13倍の速さで空を駆け巡る様子を観察できるだけでなく、月は独自のサイクルで、天空の壮大なカーテンを背景に伸びたり縮んだりしながら移動しています。約28日ごとに月が太陽と重なり、陰に隠れて新月となります。そして次の2週間をかけて、三日月から半月、そしてギバウスムーン（半月から満月への間）へと変化していき、満月になると、太陽の正反対に来ます。そして月は欠け始め、ディセミネイティングムーン、半月、有明月とその歩みをたどりながら、暗黒の中へと戻っていきます。

太陽は神話では「英雄の旅」と関連づけられている一方で、月は昔から女性的なエネルギー、特に母親の役割と結びつけられてきました。『The Luminaries : The Psychology of the Sun and Moon in the Horoscope（月の光の中で――ホロスコープにおける太陽と月の心理学）』の著者リズ・グリーンとハワード・サスポータスによると、月は私たちの安全と生存のための基本的欲求を象徴するとしています。

お金は安全の象徴なので、私たちの金銭との関係は、出生時の月の配置に反映されます。すべての天体がそうであるように、占星術師による月の解釈に影響を与える多くの変数が存在します。月の物理的位置、サイン、顕著なアスペクトなど、多くの変数が影響するのです。コートニーのバースチャートで、月（水の元素、魚座に位置する）は、２つのとても緊張したアスペクト――乙女座にある金星（価値観の星）とのオポジション、そして射手座にある土星（制限の星）との厳しいスクエアに固定されています。こうした配置は、確かに月が原因の病を示唆しているかもしれません。彼女の長期にわたる財政的な問題は感情面の栄養失調の結果なのでしょうか？

お金は、月のように影響を受けやすく、流動的で不規則です――月のゆらぎを模倣し、日々、膨張と収縮を繰り返しています。読者の中には、堅くて永続的なお金と、月が持つ繊細で変幻自在な性質との相関関係に驚いた方もいらっしゃるでしょう。結局のところ、お金を「論理的なもの」ではないと考えることは、これまで教えられてきたお金との関わり方と矛盾していますす。しかし、お金は論理的とはほど遠いものです。私たちの感情のようにお金は不安定で、厄介で、複雑なものです。さらにお金に対する私たちの理解は、お金が象徴するもの――精神面、アストラル界の延長線上にあるものなのです。

例えば、1万円を思い浮かべてみましょう。その1万円はあなたにとってどんな意味を持っているでしょうか。どのくらいの頻度で1万円を使うでしょうか。また、10歳の子供は1万円にどう反応するでしょうか。億万長者は同じ1万円にどう反応するでしょうか。4人の子供を育てているシングルマザーは？　資金を口座から口座へと移動させる株式ブローカーは？　1万円の「価値」は変わりませんが、その重要性は文脈によってまったく違います。真の価値を知るためには、誰が、何を、どこで、いつ、なぜ、を理解する必要があります。

あなたとお金との個人的な関係は、物質界（外的）とアストラル界（内的）の両方の現実によってかたちづくられます。お金と月とのつながりを確立することで、お金との関係を変えることができます。どうやって？　月と同じように、あなたの経済状況は、決して静的なものではありません。波が生まれるように、新しい機会も生まれるのです。お金を自分の感情の延長線上にあるものとして捉え直すことで――潜在意識と完全に切り離された存在として捉えるのとは反対に――資金を受け取る方法を試してみることができます。

お金を流動的で、柔軟で、あなたの感性を映し出すものとして受け入れれば、あなたがこれまで身につけてきた既成概念にとらわれない、新しいお金の可能性を創造することができます。あなたの意識、ひいては財布に創造性、遊び心、喜びを吹き込むことで、あなたの思考を欠乏から豊かさへと体系的に変化させることができます。

私はコートニーの経験に共感できました。多くの人と同様、私も欠乏にフォーカスする思考法と闘っています。それは理由があってのことなのです。数年前、私は銀行口座の預金残高をゼロにしないのがやっとでした。数千ドルのカードローンも抱えていたので、本当にお金がまったくなかったのです。もちろん、一晩で起こったことではありません。ヘミングウェイの小説『日はまた昇る』でマイク・キャンベルが言ったように、私は2つの方法で破産しました。「ゆっくりと、そして突然に」。

私の母方の親戚たちは、大儲けした話と大損した話をしていました。どの話も似たようなパターンです。かつてお金があったのに、あることがきっかけで突然お金が消えた、全部なくなったという物語です。ストーリーはあいまいで、謎めいていて、答えよりも疑問がわくことが多いものです。

私の母方の祖父母は、19世紀後半にニューヨークにやって来たユダヤ人の子孫でした。祖父方は、もともとベラルーシ出身で、マンハッタンのダウンタウンに落ち着きました。祖母方はハンガリーとポーランドからの移民で、ブロンクスに住んでいました。私の曽祖父パパ・ルイは、ローワー・イーストサイドでバーとバーベキュー料理店を経営し、成功を収めていたといわれています。ある日、強欲なパートナーをなだめるために、祖父は事業から退きました。そして……お金は消え、すべてを失いました。祖母の父、パパ・ベニーは何の仕事かはわかりませんがハーレムでビジネスをしていて、うまくいっているように見えましたが、大恐慌の後に……お金が消え、こちらもすべて失いました。

これらの悲劇の物語は、ある意味、神話のようです。全財産を失ってしまったということは、それ以前にはあったということで、まとわりつく取り立て人をかわしている時には、かけがえのない慰めになります。しかし、こうした「没落」物語は、曽祖父母で終わりませんでした。祖父母の資産もギャンブルや衝動買い、信頼できない会計士などにのみ込まれていきました。

不運にも、それだけでは終わりませんでした。私はこの物語が続くのを見ていたのです。母もまた経済的に困窮していきました。そこには紛れもない苦難がありました。無駄にお金のかかる離婚訴訟で、両親の結婚生活だけでなく、仕事上のパートナーシップも破綻しました。音楽業界のプロである私の両親は、もともとは曲作りとプロデュースのためにチームを組んでいたのです。

また、母ががんと診断され、手術、放射線治療、化学療法などにかかる法外な医療費に何年も悩まされたこともありました。さらに、母には身近な事情を超えた状況もありました。例えばナップスターやライムワイヤーといったファイル共有ソフトの規制に音楽業界が失敗したことで、アーティストやクリエイターがかつてないほどの経済的打撃を受けていたのです。

これらはすべて、本当に起こったことです――私が10歳になるまでに母が低所得者向け住宅に入居する資格を得られたのには、具体的な理由がありました。私たちがなぜフードスタンプ

（アメリカの低所得者向け食料クーポン）が使える店で買い物をしていたか、大学に入学した時、なぜ経済的に恵まれない学生を対象とした連邦補助金を受ける資格が得られたのか、私は理解していました。すべて納得のいくことでしたが、しかし、私の現実の生活と、幼年時代のロマンティックで伝説的な過去との間には深い溝があったのです。

私のお金との関係は言い伝えの上に成り立っていて、家系の呪いとなった財政的破綻の繰返しは、自分が現代のアナスタシア（ロシア革命で滅びたロマノフ王朝最後の皇女）になったような気分にさせられました。２００年前のユダヤ人街で何があったのでしょうか？　なぜ、私の家族は富を蓄積できなかったのでしょうか？　誰にもわかりません。でも、私が20代になる頃にはその破綻のサイクルは勢いを増していました……今回は、私の物語でした。

私はお金のつくり方、管理方法、貯蓄の仕方がまったくわからなかったし、家計について話し合うことすら知りませんでした。私は何も失うものがないうちから、何もかも失ってしまうのが怖かったのです。なので、自分の狭い価値観だけで仕事を引き受けていました。

ご想像通り、あまりいい方法ではなかったと思います。大学を卒業してから2年間、事務の仕事をした後、２０１３年に芸術の世界でキャリアを積むためにロサンゼルスに移ったのですが、この業界は……高価な感じがしました。私の金銭哲学は、お金は香水のようなもので、豊かさの「近く」に身を置くことで、自分もその香りを身につけられるかもしれないと考えたのです。そして、当時はどんな収入でもないよりはましと信じていて、年収３００万円の仕事を受け入れ、クレジットカードをつくり（最初の1年間は金利0％！）、買えないものの支払いに充てました。

不吉な予兆はあったけれど、最低賃金を下回る収入でありながら、クレジット払いで生活を支えることが破綻を招くということを理解する金融リテラシーが、私にはありませんでした。私はカード払いを副収入と考え、数か月間は比較的普通の生活が送れました。

ロサンゼルスはハリウッドの本拠地です。「ハリウッド」とは、イデオロギー的な概念でもあり、地図上の地域でもあり、エンターテインメント産業を示すものでもある、奇妙な名詞です。2013年、ロサンゼルスはもう一つ、この地域のビジネス概念を地図に載せました。シリコンビーチです。シリコンビーチは、数十億ドル規模のハイテク産業で北カリフォルニアの風景を一変させ、シリコンバレーに対抗するものでした。それはスティーブ・ジョブズとマーク・ザッカーバーグによって確立された「創業者＝神」をモデルにつくられましたが、さらに若く、勇ましく、セクシーでした。少なくともアイディアはそうでした。

私がロサンゼルスに移って数か月後、23歳のエバン・シュピーゲルはマーク・ザッカーバーグからの30億ドルのスナップチャット買収提案を断り、この「権力の移動」は、映画界のあらゆる経営幹部を興奮させました。今やエンターテインメント・ビジネスのタレント事務所はテック・インキュベーターに、映画プロデューサーはベンチャー・キャピタリストに変身し、映画の撮影現場は新興企業の快楽的なローンチ・パーティー（通称「アクティベーション」）の会場に変わったのです。氷のリュージュ競技場や有名人のカメオ出演などなど、すべてが現実にはありえないほど奇抜に思えたとしても、これはビリー・マクファーランドに象徴されるファイア・フェスティバル詐欺を生み出した文化的な瞬間であることを思い出してください――エゴ、アクセス、そしてうんざりするほどの大金。

しかし、私は一文無しでした。私は3万ドルと30万ドルの違いもわからなかったので、起業家のリングに上がることにしました。2014年、大学時代からの親友ヘレンと私は占星術による出会い系アプリ「アライン」を立ち上げました。アラインの開発と破綻は荒々しく、奇妙で、人生を変えるような経験でした。いつの日か、ヘレンと一緒にその物語を分かち合う機会が訪れることを願っています。でも、それまでは、私に言えるのは次のようなことです。私たちが占星術の事業を始めたのは、超富裕層が革新的な企業に大きなリスクを取って投資していた時代です。不運にもアラインは、そうした企業には入らなかったのです。

ベンチャー・キャピタルからの投資がなかったため、私たちは氷のリュージュ競技場や有名人からの推薦など、成功の記念となるようなことはできませんでした――自分たちの給料を支払う原資すらありませんでした。私には支払うべき家賃や請求書があり、借金が膨らんでいました（クレジットカードの金利0%期間は終わり、29%という恐ろしい金利になりました）。

そこで2015年には、低賃金のギャラリーの仕事を辞め、別の低賃金の仕事（もう少し時間の融通がきいてアラインの開発が続けられる）に就きました。レストランでウェイトレスとして働いたのです。私はひどい給仕をしていたので、半年後には解雇されてしまいました。そして、失業保険を受け取りました。その受給期間が終わると、コミュニティサイトで自分の洋服を売り始めました。

アラインの状況は悲惨でした。2016年までに「エンジェル投資家」が奇跡的に現れて、救ってくれることはなさそうでした。そして2016年8月にアラインを手放そうと決めた際には、アプリを始めた時より貯金額が少なくなっていました。私は、他人の家の雑用とフォーカス・グループ（市場調査に協力して謝礼をもらう）から、必要最低限の収入を何とか得ていました。タダで手に入るものは買わないようにしていました（特に感謝したいのは、前のルームメイトのカティが、ホテルのアメニティの小さなシャンプーとコンディショナーのコレクションを気前よくプレゼントしてくれて、ヘアケアにお金を使わずに済んだことです）。

ロサンゼルスで3年間暮らした後、私はすべての持ち物をフェイスブック・マーケットプレイスで売り払い、ニューヨークへの片道航空券を手に入れました。ロサンゼルスでの最後の数時間を、私ははっきりと覚えています。アパートのパティオに座り、タバコに火をつけ、携帯電話で銀行の残高を確認しました。38ドル74セント。他には何もありませんでした。

陳腐に聞こえるでしょうが、まさにその時――タバコに火をつけ、口座残高を眺めていた時、私は奇妙な、思いがけない感情の突破を経験したのです。どん底に落ちることで、何か奇妙なカタルシスがありました。冷静に受け入れ、穏やかに降伏する感覚です。

私はお金がなくなるのが怖くて仕方がなかったのです。無一文であるという考えは、私の第2ハウス（通貨を含む物質的な所有物に関連する）、魚座の月を不安定にするように感じました。しかし正直に言うと、そもそも私は経済的に安定した生活などしたことがなかったのです。私は給料日から次の給料日までの間にお金を使い果たしていました。生活費を稼ぐのがやっとの状態です。何年もの間、私は不安だけを燃料にフィードバック・ループの中で動いていました。しかし、不安や恐怖が変化をもたらすことはありませんでした。

そして、理由は何であれ、2016年9月13日――ニューヨークに戻った日、私はついに、この絶え間ない不安の中での生活は、私の精神を打ちのめすだけでなく、経済的な改善にもほとんど役に立っていないことに気づきました。この悪循環を断ち切る唯一の方法は、自分の中から変化を起こすことだと。

占星術の出会い系アプリは失敗したものの、その時点で私は3年間毎日、宇宙について学んできていました。私は自分の月をはじめ、自分のバースチャートに精通していました。私の個人的な部分を表す惑星の多くが、第2ハウスと第8ハウスの軸を横切って配置されているため、私の感情的な経験は、実はお金との関係を通して実現されていることが明らかになりました。すべての私の不安は、これらの経済的な閉塞感を通して表現されていました。

この自己認識によって、私は自分の視野を広げることができました。経済的な状況を改善するには、自信をつける必要があることが明らかになりました。それには二重のアプローチが必要でした。まず、私は現状についての厳然たる事実を認めなくてはなりません。私は、その時の状況のせいで破産状態にあったのではなく、慢性的に無一文だったのだと認めなければなりませんでした――しかし、その事実によって、自分への信頼を取り戻すことができたのです。さらに占星術が、時間は時系列ではなく、むしろ循環していることを教えてくれました。現実が静止しているように見えても、実は動いているのだということを知ったのです。私の今の状況が、永遠に続くはずはないのだと。

同様に、私の家族の「呪い」は経済的な損失ではなく、むしろ、経済的な嘆きでした。確かにそれぞれの世代が、ある日突然、経済的に破滅するという物語を受け継いできたのです。そして、この「没落」シナリオは、遠い脅威ではなく、現実的な予測でした。未来も現在もなく、すべてのエネルギーは過去に向けられていたのです。同様に、自信を取り戻し、経済状況を改善するための第2段階は、先祖とは正反対に動くことです。私は前を向く必要がありました。まだ実現されていないお金の可能性に目を向けるのです。

また、自分が破産しても恥じる必要はないこともわかりました。恥じることは助けにならないどころか、実際にはとても破壊的です――自分を責めるのではなく、自信をつけることが必要なのです。私は自分自身に優しくなり始めました。

一生懸命がんばってきたけれども、うまくいっていないことを認めました。アプローチを変える必要があったのです。そう、私が持っていた全財産は38ドル74セントだけで、明らかにお金を稼ぐ必要がありました。ですから、ニューヨークに戻ってからも、臨時雇い、季節労働などで自活を続けましたが、私は一変しました。手放すことを知り、視界はよりクリアになりました。視点が変わったのです。これが豊かさを基盤としたメンタリティを構築する基礎となりました。

もちろん、豊かさを基盤とした私の新たな考え方は、すぐに銀行口座に反映されるわけではありません――現実的でないと同時に不可能です。2017年を通して、私は経済的なサーモスタット（温度調整器）を上げる（この章の最後にあるエクササイズで説明します）と同時に、お金とは無関係に自分の価値を高めることに取り組みました。

そして2017年6月、幼なじみに誘われて、バワリーにある彼女の新しいスタジオで満月のワークショップを開くことになりました。私が占星術で初めてお金をもらった仕事です。その晩のチケット代は12ドルで、利益は二人で分けました。私は60ドルを手にしました。

もちろん大金ではありませんが、私のお金との付き合い方が急速に変わっていったおかげで、実際の金額はさほど重要ではないとわかっていました。結局、お金は常に増えたり減ったり循環しているので、金銭的な収益ばかりに目を向けるのではなく、この体験の特別な不思議さについて考えてみました。なんと、私は占星術のワークショップでお金を稼ぐことができたのです。

ロフトの床にクッションを並べて、私は見知らぬ人たちに、星や惑星、周期について話しました。この数年間、静かに蓄積してきた知恵を公にすることにワクワクしました。月について、その占星術的な象徴性、そしてバースチャートの中での満月の位置づけについて話しました。最後に満月のマニフェステーション・エクサイズをしてワークショップを終えた後、かなりの人が帰らずに残っているのを見て、驚きました。「また開催してもらえますか？」「個人セッションの予約はできますか？」「来月の私の誕生日パーティーで、チャートを読んでもらえませんか？」などと質問されたのです。

この反応はまったく想定外で、まさに驚異的でした。占星術でお金をもらうなんて本当に夢のような話だったので、ワークショップの参加者とメールアドレスを交換し、翌日には連絡をしました。そこから物事は急速に動き出しました。対面セッションの予約が入り、企業主催の占星術イベントの予定も入りました。そして、雑誌編集者からも企画が持ち込まれ、毎週ホロスコープのコラム連載を始めることになりました。執筆で収入を得た初仕事です。

２０１７年の９月には、時給制の派遣の仕事よりも、占星術の収入のほうが多くなりました。10月下旬には、友人で占星術師のジェシカ・ラニャドゥから、サイモン・アンド・シュスター社の編集者を紹介されました。楽しい遊び心のある占星術の本を出版したいということでした。私は本の概要とサンプル原稿を書き、２０１７年12月に初めての著書の出版契約を交わし、これが『The Mixology of Astrology（占星術のミクソロジー）』として刊行されたのです。この本の執筆中に、私は恐ろしくも、しかしとてつもなくエキサイティングな決断を下しました。占星術の仕事に専念することに決め、合同会社を設立し、その後すぐに事業用の銀行口座を開設したのです。後ろを振り返ることはありませんでした。

それから現在に至るまで、私の人生は豊かになっています。私はカードローンを払い終えました。貯金をし、退職基金もでき、財政目標もあります。私は家族——母と祖母を必要なら快くサポートできる立場にあります。いろいろな団体に寄付をし、誰かが窮地に陥っていると聞けば支援します。私は惜しみなく与え、そして豊かに受け取っています。基本的に私が知っているのは、お金の満ち欠けを尊重し続ける限り、私の財政は持続可能な形で流れていくだろうということです。少し前の自分とは180度違う、健全で豊かなお金との関係を築けていることに深く感謝しています。

けれども最も重要なのは、私とお金との関係は、物質界では変わらなかったということです。本当の仕事は完全にアストラル界で行われたのです。**お金は感情的な波動であり、金銭との関係は精神で培われることを意味します。**同様に、もしあなたが経済状況を変えたいと思うのであれば、積極的に、思慮深く、そして正直に現在の状況を振り返ることが必要不可欠です。

おそらく、欠乏にフォーカスする思考法は、家系に根ざしているのかもしれませんし、過去の金銭的トラウマからくる精神的な欠乏感によって前に進めなくなっているのかもしれません。あるいは根深い不安が、あなたの潜在能力を最大限に発揮する可能性を阻んでいるのでしょうか？　そして、変化は必然であり、脚本を書き換える機会は無数にあります。これはその一つです。さあ、やってみましょう！

復習

◇お金はもともと流動的なもの。
◇お金と個人の関係は、その人の価値観を反映したもので、主観的で、文脈によって変わり、非常に私的なものである。
◇価値観は継承されるものでもあり、後天的に獲得するものでもあり、常に変化し得る。
◇月は、あなたの感情の安定を反映し、価値観との関係を明らかにする。

一言メモ——定期的な振り返りは、お金のマニフェステーションでは非常に重要です。本章の冒頭で紹介した質問は、その探求を開始するための素晴らしいきっかけとなります。しかし、お金は感情的な波動なので、過去に折り合いをつけ、未来を計画し、エネルギー的な閉塞感をもたらすかもしれないあらゆる不安を浄化するための安全地帯を確保することが重要です。そこで、お金のマニフェステーション専用の日記を買うことを提案します。

内的（アストラル界）　サーモスタットをオンにする

豊かさを生み出す最良の方法は、あなたの心の中にあるサーモスタット（温度調節器）の設定を確認することです。

私たちは皆、経済的な「コンフォートゾーン」（快適温度範囲）を持っているのです。いつの間にか無意識に、十分だとは感じているが現実的な数字に落ち着いてはいないでしょうか。この数字は、あなたの通帳の預金残高や時給、あるいは年収かもしれません。この数字を振り返ってみてください。あなたの「スイートスポット」は？　その数値は、あなたが経済的なサーモスタットに設定したところを指しています。

その数値より低ければ、寒いと感じるでしょう。給料が少ない、過小評価されている、経済的に苦しいと感じます。もちろん、あなたはできるだけ早くコンフォートゾーンに戻りたいと思って、一生懸命に働いて、支出を減らしたり、予算管理法をいろいろ試したり、また、より高い報酬の仕事に応募するかもしれません。要は目標数値を達成することに集中しています――不快な思いをするのは嫌ですから！

今、「お金のマニフェステーション」がたいへんはやっています。しかし、実際に現実化した資金を受け取る時はどうなるのでしょうか？　もしそれが、何百ドル、何千ドル、あるいは何十万ドルにもなって快適な範囲を超えていたら何が起こるでしょう？

現在のコンフォートゾーンを超えた時、行動は根本的に変化します。もちろん、お金が増えるのはうれしいことです。けれども、この範囲を超えたお金は、余分なものに感じられます。今、あなたは汗をかき始めたかもしれません。暑くなりすぎたあなたは裸になって、あふれたお金を使います。一方では、お金があるから使うということもあるでしょう。以前からリビングルームを改装したいと思っていたのなら、絶好のチャンスです！　でも、それだけではありません。通常より多くの資金を持つあなたは、コンフォートゾーンの外にいるため、支出も多くなっているということです。つまり、余分なお金を浄化しているのです。

この現象は、突然大金を手にした人によく見られます――信託財産を受け取った人、宝くじに当たった人などです。経済的なサーモスタットの温度が急激に上がると、私たちは圧倒され、あわてて元の状態に戻そうとお金を使います。同じように、慣れない土地では、より快適な温度に戻すために、サーモスタットを工場出荷時の初期設定に戻すこともあるでしょう。当初の設定より低い温度にすることさえあるでしょう。皮肉なことに、適切な資金を持たずに、あまりに早くマニフェステーションをすると、現実で経済的苦境に陥ることもあります。

ですから、私は理論的にはお金のマニフェステーションに賛成ですが、ソーシャルメディアで宣伝される一攫千金を狙うような手法を非常に警戒しています。もちろん、あなたはより多くのものを手に入れることはできますが、それを持続的に受け取る準備ができていなければ、想定以上のものを失うことにもなり得ます。それは最悪です！

私がクライアントにすすめていて、私自身も実践しているやり方は、**「サーモスタットの温度を上げる」**と呼んでいます。基本的に、この方法では意識的に注意深く、あなたの「コンフォートゾーン」を広げます。ゆっくり慎重に、そして責任を持ってサーモスタットのダイヤルを回せば、あなたがマニフェステーションで増やした資産によってオーバーヒートすることはありません。実際、あなたが生み出すものは、常に最適な温度と感じられるのです。暑すぎず、寒すぎず、まさに「ちょうどいい」温度です。

このエクササイズを行うには、あなたの財務温度計の現在の設定値を記録してください。それは、銀行口座の残高かもしれないし、週給の数字かもしれないし、マットレスの下に隠した現金の額かもしれません。あなたの現在のコンフォートゾーンはどれくらいでしょう。専用の日記に正直に書き留めましょう（まだノートを買っていない人は、この本の余白に書き込んでくださってもけっこうです）。

次に、少しだけダイヤルを上げる必要があります。どの程度上げればいいのかわからない場合は、少しでかまいません。これは健康的で、持続可能で、現実的な長期的繁栄を築くことができる、あなたの豊かさを永久に増幅させる方法なのです。

私はこのエクササイズを始めた時、自分の温度計（サーモスタット）を１０００ドルにセットしました。２０１７年当時、１０００ドルの維持は現実的に思えました――というのも、私は以前にそうしたことがあるし、心地よくもありました。また、1000ドルあれば、どうしてもお金が必要な緊急事態にも対応できます。しかし、1000ドルを少しでも下回ると不安になるし、それ以上だとやりすぎな気がして「自分へのご褒美」にお金を使っては元のコンフォートゾーンに戻っていました。

なので、最初に温度計のダイヤルを回した時、どのくらい温度を上げればいいのか真剣に考えました。私は初め2000ドルに合わせようと思いました。自分の口座にその額が入っているのを想像できますか？　いいえ、当時はそれはあまりにも非現実的だと感じました。実際、不可能に思えました。そこで私は少し数字を下げることにし、1500ドルを銀行口座に預けてあるのは？　想像できました。それは達成できそうです。そこで1500ドルまで温度計の目盛りを上げました。

私はネット銀行にログインして自分の口座に1500ドルあるのを確認する情景を思い描きました。その数字がどんなふうに見えるか、そして自分は請求書の支払いが必ずできるという安心感を想像しました。そこで、この新しい温度を心に留めながら、私は日々のお金との付き合い方を変え始めたのです。いくら使っているかに注目する（欠乏にフォーカスする思考法を増幅させる神経質な習慣）のではなく、自分がいくら節約できたかに重点を置くことにしました。

最終的には、銀行口座の残高が1500ドルになったのですが、その額に達するとすぐに、その数字を自分の新しい当たり前として心に刻み込みました。私はそれをドルマークや星マークでページを飾りながら、日記に書き留めました。まるで恋について落書きしている12歳の頃のようです。

私はその温度（数字）を積極的に維持し、やがてその数値より少しでも低い温度では不安を感じるようになりました。これは本当に極端な経験でした。ほんの数週間前までは、1000ドルを超えると、まるでロックスターのような気分になっていたのですから。そして自分が準備できたと感じたら、また数字を調整し、今度は2000ドルにしました。それから2500ドルに。慣れてきたら、もっと大きな間隔で調整するようになりました。3500ドル、5000ドル、そして8000ドル……。

このプロセスには時間がかかります。一晩でできることではありませんし、実際、そこが大事な点です。アストラル界でなされるこのマニフェステーションは、あなたの寛容さを高め、豊かさを受け取るだけでなく、経済的な豊かさを長続きさせるようにするためのものです。最終的に、このマニフェステーションのペースを、置かれた状況に応じて現実的と思われるものに基づき、あなた自身が決めることになります。

最初の数回の調整は不快なはずです。そう、あなたは新しい設定温度が暑すぎて、少し汗をかくかもしれません。でも、このテクニックは特別に強力なので、信じてください。これを続けることで、あなたのお金との付き合い方は変わるはずです。私はその効果を知っています。その有効性の生き証人なのです！

外的（物質界）常に流れるように

あなたは、アストラル界のサーモスタットの温度を上げたらすぐに、物質界の仕事で豊かさを手に入れることができます。でも、信じられないかもしれませんが、このマニフェステーションには実際にお金を使う必要があります。そうです、このテクニックは**流動的であること**が重要なのです。

あわてないで。クレジットカードを取り出し、インターネットで不要なものを買い始める前に、注意しなければならないことがあります。このエクササイズは、どんな買い物にも適用されるわけではないことに注意してください。このエクササイズでは、実際に必要なところにお金を送るよう求められています。

本章の中で、お金は静的ではないと学びました。月と同じように満ち欠けするのです。本書の背景となる後期資本主義社会では、私たちは資産を「囲い込む」ように、とアドバイスされます。私たちは現金の所有権を持っていて、純資産を増やす最良の方法は、そのお金を決してどこにも手放さず、自分のポケットに戻すことです。映画『ウォール街』のゴードン・ゲッコーの言う「強欲は善である」です。

もちろん、包括的なファイナンシャル・プランでは、動かさずに手を付けないでおく資金（多くは退職金や緊急時の資金）がありますが、私たちが日常的に接するお金は、非常に流動的です。私たちの預金残高は、増えたり減ったり変動しています――それはそれでいいのです。実際、これは有機的なもので、感情的な波動です。エネルギッシュなギブアンドテイクが必要なのです。

同様に、このエクササイズは、お金の自然な波動を映し出すもので、お金本来の動きを意図的に私たち個人の金銭的な習慣に反映させるようにします。流動性を保つ行為は、宇宙に対してあなたも流動的であるというメッセージを送ることになり、だからこそ、あなたは豊かさを受け取るのに最適な人となるのです。

経済的に不安定な状態にある読者にとっては、「お金を与える」ということは非常に気が引けるものです――特に、生活に必要な資金をかき集めようとしている時には。でも、ちょっとした秘密をお伝えしましょう。お金に困っている時でも、人を助けることで経済的な負担を感じることはありません。もちろん、不安な気持ちになるかもしれません。というのも、正直なところ、財布のひもをゆるめるのが怖いのです。すごくよくわかります。でも、寛容さをもって他人を助けることが、新たな経済的チャンスへの扉を開くのです。実は、これがあなたが行うことのできる最も強力なお金のマニフェステーションの一つなのです。

では、何がそんなに特別なのでしょうか？　この行為は、物質界で行われるものであることはおわかりでしょう。それは、意識内のことでも内省的なことでもなく、あなたは資産を再分配しているのです。お金を与えることは取引ではありません。商品やサービスとお金を交換しているわけではありません。あなたがお金を手放した後、お金がどこに行くかを問うべきではありません。結局のところ、お金は常に借りたものであり、決して所有するものではないのです。そして、このエクササイズでできることは、豊かさのための実りあるチャンネルを開くことなのです。

さらにこのエクササイズは、豊かさを生み出したいと思った時にいつでも使うことができます。例えば、あなたが契約をしようとしていて、そのオファーが寛大なものであることを望む場合には、このマニフェステーション・テクニックを実践する絶好の機会です。まず、受取人を選びます。個人的なつながりのある人（友人や親戚など）でも、NPOやクラウドファンディングでも、見ず知らずの人でもかまいません。このマニフェステーションでは、必要性による優先順位はありません——ただ一つ重要なのは、あなたが彼らに予期せぬお金を受け取ってほしいと望むことです。

どれだけお金を贈ればいいのでしょうか。正しい額を決めるための非常に簡単な計算式があります。あなたが受取人を選んだら、数字が頭に浮かぶでしょう。これは直感的反応です。ほとんどの場合、あなたはその数字を下げようとするでしょう。「100ドルは多いような気がする。75ドルなら大丈夫だろう……」

しかし、ここでは、最初に直感で得た金額にしてください。もちろん、受取人はいくらでも喜んで受け取るでしょうが、ポイントはそこではありません。あなたの頭の中に現れた不思議な数字は、宇宙からのヒントであり、財政の扉を開くための最短ルートを教えてくれているのです。一瞬たじろぐかもしれませんが、心配しないでください。その苦笑はすぐに消えるでしょう……あなたの寛大さが指数関数的に報われるのですから。

個人的に知っている人にお金を贈り、その理由を聞かれたら、秘密めかして「とにかく受け取って」と答えるか、あるいはあなたのマニフェステーションの実践の一部で、「経済的な豊かさを生み出すために、お金を動かしているのです」と説明することができます。もし、何らかの理由で受け取りを拒否された場合には、別の受取人とやり直す必要があります。でも、ストレスに感じることはありません。たまにはそういうこともあるでしょう。それはすべて流動性を保つためです。

注意すべき大事なことは、そのギフトに条件をつけてはならないということです。言い換えれば、あなたはそのお金の使い道を受取人に指示することはできません。お金をどう使うか（あるいは使わないか）を指示することで、あなたはまだその資金の所有権を主張することになり、するとそれは一対一のお金の交換になってしまうので、フィードバック・ループを閉じてしまいます。流動性を保つということは、資金を再配分し、相手に完全な自律性を与えることを意味します。彼らがあなたに計画を告げても何の問題もありませんが、彼らのためにあなたが決めることはできないのです。

このエクササイズをすると、すぐにその効果の大きさに驚かされることでしょう。最も良い点は、限界がないことです！　あなたが自分のためにより多くの資金を生み出したいと思えばいつでも――大きな買い物をするためにお金を貯めている時、カードローンを返済する時、あるいはただ単にお小遣いが必要な時にも、このテクニックを実践できます。それは毎月（毎週か毎日かもしれません）のルーティンの一部にできます。

私はこのマニフェステーションを頻繁に使っています。もし、「あ、この人は医療費のために寄付を集めようとしているな……」などほんの少しでも察したら、すぐに財布を手に取ります。それは衝動的なものかもしれません。けれども、私はお金が大好きです。与えることももらうことも。そして、あなたがお金を流動的にしておくと、宇宙はインスピレーションを受け、流れ続けるのです。前へ、上へと。

憶測ではなく、
コミュニケーションを
とりましょう
@alizakelly

第4章

人とのつながりを深める

「どうやったら、良くない人間関係を断ち切れるでしょうか？」

「この友人との関係を続ける価値があるでしょうか？」

「どうすれば私の“仲間”に出会えるでしょうか？」

「この関係を改善するためには、どうしたらいいのでしょうか？」

人間関係を確認してみる

人間は社会的な存在です。人と人との関係は、プラトニックであろうとロマンティックであろうと人生に不可欠です。友人、家族、仲間などは自己実現への道を示してくれ、私たち自身の真実につながるのを助けてくれます。けれども、そうした関係を続けることは難しいのです。実際、良い関係を維持することは非常に困難であるため、人間関係は癒しの物語から省かれることが多く、孤独と孤立が人を強くするという間違った物語を永続させています。世捨て人として生きることを選び、そこに精神性を見出した人に私は心からの祝福を送りますが、一方で、自己発見は孤立によってではなく、むしろコミュニティを通して達成されるものだと思います。

この章では人間関係の重要性と、対人関係の力学を改善していく方法を探ります。しかし、まずは今、この瞬間の自分自身を確認するために、静かに瞑想したり日記に書いたりしながら次の質問に答えてみましょう。

◇自分の人間関係（現在だけでなく、過去も含めて）を最後に確認したのはいつですか？
◇私の対人関係は、時間の経過とともにどのように変化したでしょうか？
◇私の対人関係は、どのような点が変わっていませんか？
◇最近、親しい同僚や友人、親戚から感謝されたと感じたのはいつですか？

◇最近、親しい同僚や友人、親戚から感謝されないと感じたのはいつですか？
◇他者とのつながりを深めるために役立つことは何でしょう？

人とのつながりが自己実現を左右する

バースチャートのリーディングの終わりに、私がサラに「最後に何か話したいことはありますか？」と聞くと、「そうね、チャートで対人関係の問題もわかりますか？」と答えました。「どうしたものか、最近、私の人生全体がドラマみたいになった気がします」

まず彼女は、同僚のジルと口論になったことを話し始めました。サラとジルは小さなインテリアデザイン会社で一緒に働いています。事務所にいるのは5人だけで、年の近いジルとサラはすぐに友達になりました。二人は日中は毎日オフィスで会い、夜も毎晩のように一緒に行動し、週末にはブランチに出かけることもありました。

けれども、ある日突然、何かが変わりました。会社が、有名でおしゃれなクライアントから新規プロジェクトを受注しました――新しいチームが立ち上げられた直後、ジルが変わってしまったのです。一夜にしてジルは冷たくなり、接触を断ち、競争心さえ見せるようになりました。サラにはどうすればいいのかわかりませんでした。サラは職場を気まずい雰囲気にしたくなかったのですが、やがて自分を守らなければと思うようになり、ジルと距離を置き始めました。

ジルの冷たい態度に嫌気がさしたサラは、上司に新しいコンセプトを提案することにしました。数か月前、ジルとカクテルを飲みながら、将来のワクワクするようなプロジェクトについて話をしたのですが、サラは最終的にはそれを「自分の」アイディアだと感じていました。とにかく彼女は、ジルを必要としていませんでした。

当然、わずか5人の会社には何の秘密もなかったので、ジルはサラが自分を排除したことにすぐに気づきました。ジルは激怒しました。サラは、実はジルが先に自分の気持ちを傷つけたのだといきさつを説明しようとしましたが、ジルは聞こうとしません。この時点で、友情の再構築はまったく不可能に思えました。実際、サラはどうすれば一緒に仕事を続けられるのかさえわかりませんでした。なんという悪夢でしょう。

それだけでもストレスなのに、母との間にも深刻な緊張関係が生まれていました。2週間前の金曜日、彼女の母はインフルエンザにかかり、サラは食料品を買ってきてほしいと頼まれましたが、仕事が忙しいサラは翌日でもいいかと聞きました。母がいいと言ったので、サラは土曜日に買い物に行き、食料品を届けると、彼女の母も冷たく沈黙したままだったのです。サラは何が悪かったのか尋ねましたが、母は何も言ってくれません。サラは母の家を飛び出し、それ以来ほとんど話をしていません。こうしたことは、母にはよくあることでした。母はいつも冷淡でよそよそしく、「必要な時だけ連絡してくる」とサラは話してくれました。

そして、限界を超えた最後の一撃は、サラが夫のライアンと口論になった時のことです。サラとライアンは結婚して3年、ふだんはとてもうまくいっていました。でも、この数週間、サラはジルのことですっかり消耗していました。サラは自分がライアンに愚痴をこぼしたことを認めました……それもとめどなく。そう、基本的にその話ばかりでした。そして、ある日、ライアンがキレてしまったのです。「いいかい、僕は君のセラピストじゃないんだ。もう、そんなくだらない話は聞きたくない！」。サラは、打ちのめされていました。

「チャートでは、こうしたことについて何と言っているのですか」とサラは聞きました。

占星術師のアン・オルテリーは素晴らしいモットーを持っています。「あなたの心の中にあるのなら、それはあなたのチャートの中にあるのです」。つまり、あなたの人生に起こったことは、感情的なことであれ物質的なことであれ、あなたのバースチャートに反映されるのです。ですから、あなたのバースチャートとトランジット（惑星がリアルタイムで天空を移動している様子）を一緒に見ると、あなたの日々の現実に何が起きているのか、より深く理解することができるのです。

惑星同士のつながり方は、「アスペクト」と呼ばれ、伝統的に「良い（ソフトな）」ものと「悪い（ハードな）」ものに分けられます。ソフトアスペクトでは、惑星同士がうまく調和して互いに支え合い、互いの良さを増幅させます。一方、ハードアスペクトは摩擦を引き起こします。ハードアスペクトでは、惑星同士は根本的に不調和で、不満や不和を募らせます。

スクエア（惑星同士が90度の位置関係になること）は、ハードアスペクトの中で最も厳しいと考えられています（表4）。スクエアはハードの中でも最悪です。スクエアは緊張と符号し、胃に肘鉄を食らったような感覚に陥ることがあります。

けれども、スクエアがもたらすのは手痛い打撃だけではありません。科学の知識のある読者なら、物理学の法則によれば、圧力とは直角すなわち90度ちょうどの角度で加えられる力と定義されていることを思い出すかもしれません。そして圧力がかかると、必ず解放されます。**同様にスクエアは、不快な思いをしてこそ、私たちが潜在能力を発揮することができると思い出させてくれるのです。**

では、スクエアはどう解釈するのでしょうか。スクエアは例えば、大学での専攻選びを間違えてしまい、合わない授業に時間とエネルギーを費やした後に、自分の本当に学びたいことに気づくことです。あるいは、昔からの友達と常に意見が対立しますが、自分のニーズをしっかり主張することで自分にはそのサイクルを断ち切る力があることに気づくことでもあります。

サラのチャートがスクエアだらけであることに驚きはありませんでした。対人関係はこのアスペクトを通して表れることが多いのです。１９８８年3月9日夕方6時16分にメリーランド州ボルティモアで生まれたサラの魚座にある太陽（ノースノード〈ドラゴンヘッド〉とコンジャンクションし、彼女が食の間に生まれたことを指す）は、乙女座にあるアセンダント（サウスノード〈ドラゴンテイル〉とコンジャンクション）と双子座のカイロン（ミッドヘブンとコンジャンクション）とでTスクエア（直角二等辺三角形）という緊迫したアスペクトパターンを形成していました。このTスクエアの背景となる実生活のシナリオを知らなくても、このアスペクトパター

表4　メジャーアスペクト（大アスペクト）

メジャーアスペクト	記号	角度	意味	影響
コンジャンクション	☌	0°	同じサインの惑星	中立。エネルギーが混ざり合う
オポジション	☍	180°	反対側のサインの惑星	困難。似たような目的地に異なる方法で達する
トライン	△	120°	同じエレメント（火・地・風・水）の惑星	ポジティブ。エネルギーは理解され、認められる
スクエア	□	90°	同じモダリティ（活動宮・不動宮・柔軟宮）の惑星（反対側のサインを除く）	困難。エネルギーは異なる視点から考察される
セクスタイル	⚹	60°	同じポラリティ（陰陽）の惑星（反対側のサインを除く）	ポジティブ。てエネルギーは認め合うことで支えられる

（訳注：角度にはそれぞれオーブと呼ばれる許容範囲が設けられている）

ンは、サラが相応の葛藤を経験していることを明らかにしていました。

これは、必ずしも悪いことではありません。成長するには、私たちは困難に挑戦しなくてはなりませんし、個人的な苦悩を最も早く発見する方法の一つが、親しい人を通じての挑戦です。**実際、人間関係は自己実現を促しますし、つながりには責任が求められます。**あなたは宇宙を疾走する小惑星ではなく、同じような流星群の中を航行する流れ星なのです。大切な人間関係は、自分のコンフォートゾーンの外に出ることを促し、時にはあなたを突き放してくれます。彼らは、あなたの現実を広げ、視野を広げ、そして、集合意識とつながるように誘います。

集合意識とはマクロの精神を表現する素晴らしい用語です。自分自身よりも大きなものの一部であるという概念です。集合意識は社会的なレベルで働き、集合意識を通して私たちは人道的な動きや流行、さらには政治的な動きまで経験することができるのです。しかし、それは人間関係の中でも起こります。あなたの興味・関心・アイディア・嗜好は、他者とのつながりから生まれます。従って、最も身近なつながりが、実は外界との関係から自己を相対的に理解するための入口になるのです。

人間関係の力学の象徴的な重要性は、人間関係そのものを超越することもあると言えば十分でしょう。友人、家族、同僚、クラスメイト、さらに近所の人も、誰でもソウルメイトになり得るのです。このようなつながりによって、あなたは世界を異なる視点で見ることができるようになり、共感、思いやり、そして理解を呼び起こすことができます。

同じように「ソウルメイト」という言葉は、恋愛だけに使われるべきものではありません（ただし、心の問題については本書で後述します）。ソウルメイトと一生を共にすることもあります。手を取り合って、個人的なサイクルと共有のサイクルの軌道を回っているのです。でも、これは普通ではありません。実際、ソウルメイトとの関係の多くは一生続くことはないでしょう。あなたが常に成長し、進化しているように、あなたの人間関係もまた変化していくのです。

ソウルメイトとのつながりは、何年も何か月も何週も続くこともあれば、数日しか続かないこともあります。関係の長さは、必ずしもその影響の大きさに比例するものではありません。つながりは状況によって変わります。例えば、同じ街にいる友人と多くの時間を過ごすことができても、遠く離れると連絡を取らなくなってしまうことがあります。けれど、共感や思いやりを感じられなくなったら、それはもう限界かもしれません。

しかし、どの関係が輝きを失い、どの関係が成長を続けているのか、どうやって見分ければいいのでしょうか。そして、緊張した人間関係の改善には何ができるのでしょう？　サラの3幕からなるドラマはさまざまなタイプの対人関係の葛藤を探るには最適です。というのも、サラは実際には3つのまったく異なる葛藤に取り組んでいるからです。その共通因子はサラですが、それぞれの人間関係（サラとジル、サラと彼女の母、サラと彼女の夫）は異なります。同様に対人関係の葛藤にも、それぞれ独自の解決策が求められるのです。

これは、私がクライアントと個人セッションをする際に、よくあることでもあります。どの人間関係も異なるにもかかわらず、対人関係の絆はグループ化されることが多いのです。

私たちは家族を〝単位〟で理解し、友人とは〝グループ〟で出会います。複数の人について話す場合、より大きなものに言及するのが適切です（例えば、私の「高校の友人」「父の家族」「仕事の関係者」など）。これは、コミュニケーションには有効な手段ですが、個人レベルでの対人関係ではうまくいきません。あなたの人間関係はあなたと相手との間のものです――たとえその人が特定の大きな社会構造の中に存在するとしても。同様に、それぞれの関係は一対一の交流として考える必要があります。

人間関係が複雑になると、一人ひとりのニュアンスを理解することが難しくなります。あなたの人生に現れるそれぞれの人が、とても特別でユニークな教訓を提供してくれます。そして、たとえ人間関係が重なったとしても、個々の物語の魔法は、一対一の関係の細部に宿っています。同様に私たちは、その人が自分の人生で果たしている役割（恋人、友人、同僚など）だけでなく、そもそもその関係がどのように発展してきたのかにも心を配る必要があります。その発端は？その軌跡は？　私はこのユニークなつながりの中で何を学んでいるのだろう？

皆さんの中には、「アリザ、それは大変そうだけど、それぞれの関係を個別に分析する必要が〝本当に〟あるのでしょうか？」と思っている方もいるでしょう。そう、私からは「はい」と答えます。同様に、自分のアイデンティティを確立し、価値観を明確にすることは、最高の人生を送るための重要な要素です。自分の対人関係の力学のニュアンスを、十分に理解することも自己実現プロセスの重要な要素です。有害な人間関係は、あなたの潜在能力を最大限に引き出すことを阻み、支えとなる関係はあなたを前に進めます。人間関係からどのような影響を受けているのかを知るには、人生におけるそれぞれの有意義なつながりを慎重に、思慮深く、そして思いやりをもって探求する必要があります。

占星術では、相性は「シナストリー」と呼ばれる手法で算出されます。二人の人間関係を可視化するには、占星術師は二人のバースチャートを重ね合わせることでシナストリーチャートを作ります。サラとジルの関係をよりよく理解するために、例えば二人のシナストリーチャートを見てみましょう。ジルがサラのチャートを活性化させる様子を反映したものと、サラがジルのチャートを輝かせる様子を明らかにしたものです（チャート4、5）。

サラのチャートを中心にして見ると、ジルの蠍座にあるステリウムが主にサラの第3ハウス（仲間、コミュニケーション、ローカルな事柄を表す）を照らしています。サラの出生時の月は射手座の1度にあり、ジルの出生時の月と天王星はそれぞれ射手座の2度と4度にあることから、彼らの個人的および集団的な感情の世界の間に強力なつながりがあることが示唆されています。

興味深いのは、月は母性的な影響も示すため、サラとジルは母親に対して同じような問題を抱えている可能性があることです。サラとジルの火星の配置が山羊座11度でまったく同じです。TANCです。

私たちがシナストリーチャートを並べて分析する理由は、すべての人間関係は双方向だから

チャート 4

サラ

1988 年 3 月 9 日
午後 6 時 16 分 EST

ジルと重ねたシナストリーチャート
1982 年 11 月 16 日午前 5 時 31 分 EST
外側の輪

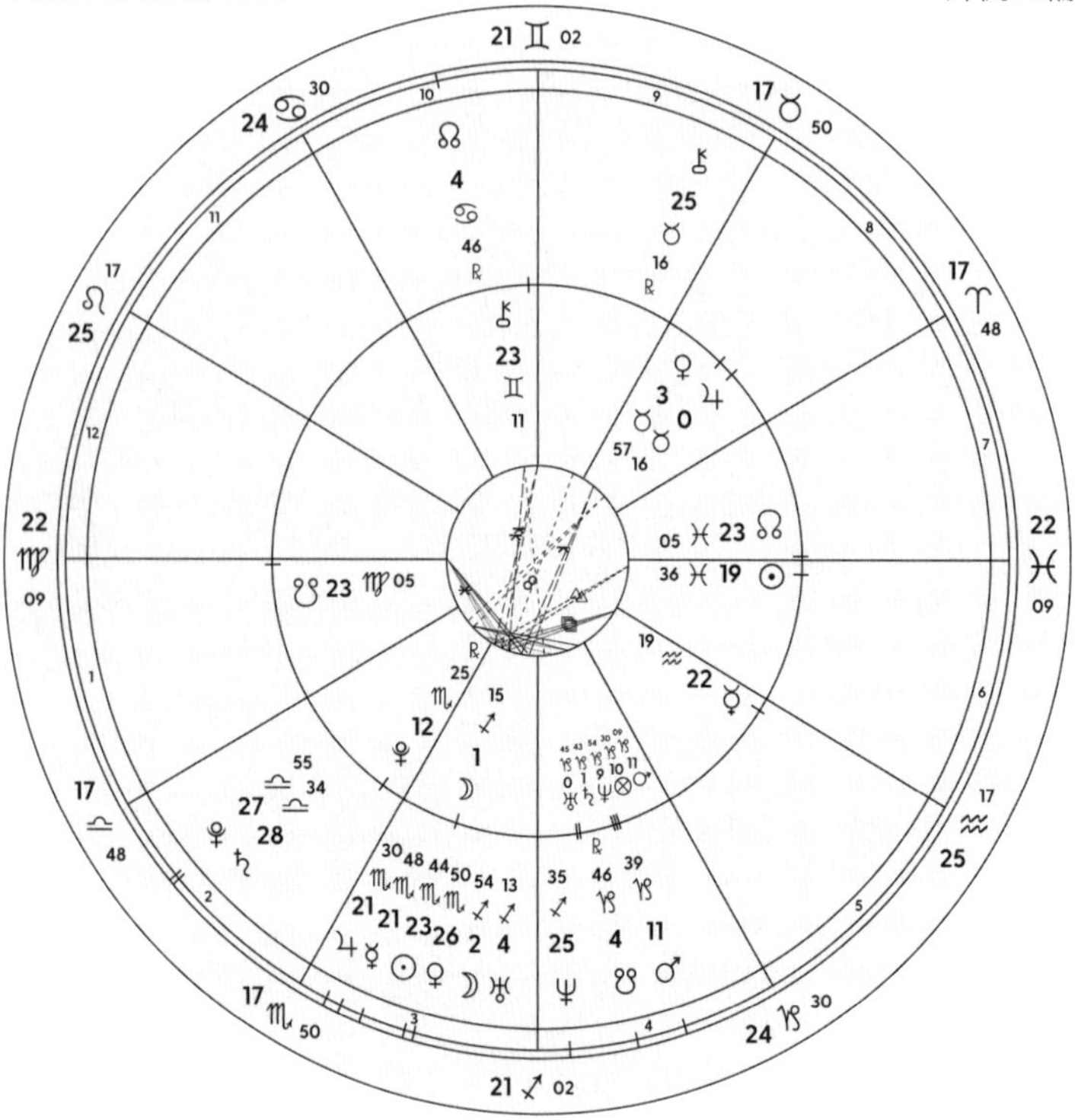

メリーランド州ボルティモア
39N17, 76W37

TLT 18:10
ST 5:20:57
プラシーダス

☉太陽　☽月　☿水星　♀金星　♂火星　♃木星　♄土星　♅天王星　♆海王星　♇冥王星
♈牡羊座　♉牡牛座　♊双子座　♋蟹座　♌獅子座　♍乙女座　♎天秤座　♏蠍座
♐射手座　♑山羊座　♒水瓶座　♓魚座　⊗パート・オブ・フォーチュン　⚷カイロン
☊ドラゴンヘッド　☋ドラゴンテイル　℞逆行

チャート5

ジル

サラと重ねたシナストリーチャート

1982年11月16日
午前5時31分EST

1988年3月9日午前6時16分EST
外側の輪

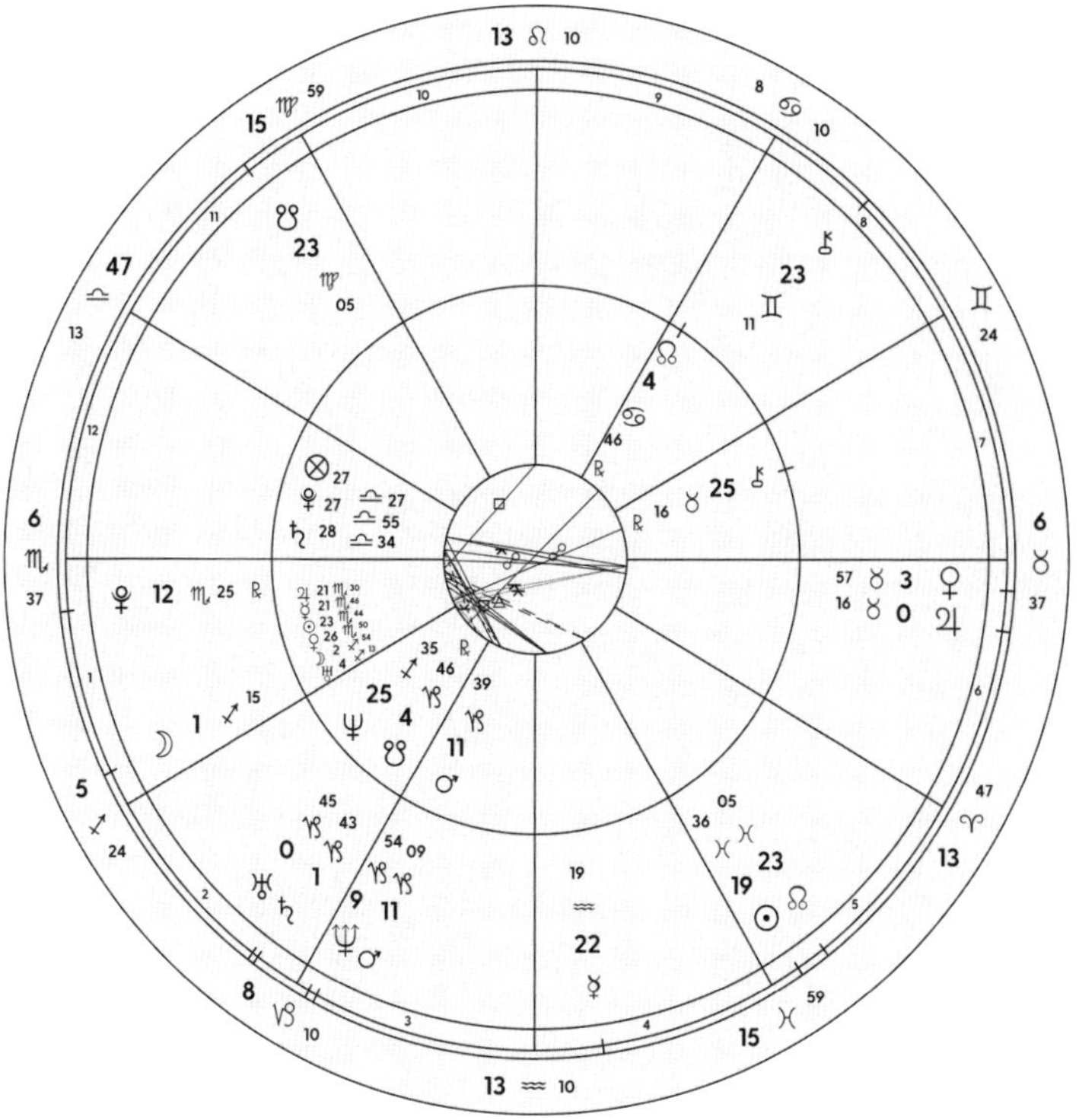

バージニア州フェアファックス
38N51, 77W18

TLT 5:22
ST 9:2:30
プラシーダス

です。シナストリーは、すべての関係が相関的であることを思い出させてくれます。私たちは、相手のストーリーの中での自分が果たす役割について考慮するのを忘れがちですが、シナストリーは人間関係には持ちつ持たれつが必要であることを教えてくれます。

　どのように他の人の旅に影響を与え、導いていくのでしょうか？　あなたはポジティブな、支えとなるような影響を与えているでしょうか？　あなたは、人々が本当の自分らしさを発揮できるような場を提供できますか？　占星術を通じて、私たちは一人ひとりが複雑で唯一無二の魂を持ち、それぞれの期待や願望、現実認識を持っていることを理解しています。同じように、親友はあなたの快適さや安定への欲求を満たしてくれるかもしれません——でも、どうすればあなたが彼らのニーズを満たせたとわかるでしょうか。

　どんな関係でも、その二元性を探る最良の方法は、臆測ではなく、コミュニケーションをとることです。思いやりのある好奇心によって、あなたは仲間とのオープンな対話ができるようになり、お互いの共通点やあなたの欲求、ニーズ、期待との共通点と相違点を探ることができます。**透明性、親密さ、誠実さは、恋愛関係に限りません。どんなに素晴らしい関係でも、意識的に会話をする必要があります。**

　しかし、もし友人や親族と心からの対話をすることに抵抗があるなら、それはそれでいいのです。その絆の限界について、貴重な洞察を与えてくれるでしょう。それは「良い」か「悪い」かということではなく——このような道徳的な二元論は非常に限定的です——その人間関係の真実を受け入れるかどうかなのです。

占星術では、水星はコミュニケーションをつかさどる惑星です。ローマ神話のメッセンジャー神メルクリウス（ギリシャ神話ではヘルメス）にちなんで名付けられた水星（マーキュリー）は、表現、言語、交通など、あらゆる形の伝達手段をつかさどります。占星術に興味のない人でも、悪名高い「逆行」はご存じでしょう。毎年3、4回、水星は逆行し始めます。これは「水星逆行」と呼ばれ、通信障害やあらゆる技術的な問題を引き起こすと考えられています。もちろん水星が実際に逆行するわけではなく、そう見えるだけです。水星逆行が大混乱を引き起こすわけではなく、すべては視点の問題なのです。

伝統的な占星術では、水星はマレフィック（凶星）でもベネフィック（吉星）でもない、珍しい役割を担っています。どちらかといえば仲間によって変化する流動的な存在です。バースチャートでの水星は、言語、表現、そして情報の共有と受信の方法を象徴しています。サラの水星は水瓶座の22度に位置しており、サラのコミュニケーション・スタイルには知的で革新的な水瓶座の特質が反映されています。そして、少し超然としています。

予想通り、ジルの水星は、サラの水星とほぼちょうどスクエアの角度でした。蠍座21度に水星があるジルの表現は、直感的で深く、そして防御的です。さらに、サラの水瓶座にある水星は、より大きな善に適用される前例を重視しているのに対し、ジルの蠍座にある水星は、より個人的なことに重きを置きます。哲学的な議論よりも、誠実で親密な一対一のつながりを優先するのです。

これらのチャートを見ると、ジルの最初の沈黙は仕事以外のプライベートな問題によるものだと想像されますが……もちろん、私には確かなことはわからないし、サラがジルに尋ねなかったことを考えると彼女もわからなかったのでしょう。本当のところ、占星術やタロットなど、**どんな占術でも、どんなに才能があっても、あるいはどれほど占いの練習をしたとしても、憶測はコミュニケーションほど有効ではありません。**

サラとジルの間の争いは思いやりのある会話で避けられたはずでした。サラがジルの変化に気づいた時に、「ねえ、どうしたの？」と聞くだけで、貴重な洞察を得ることができたでしょう。サラが何か傷つけるような言動をしたのでしょうか。ジルは、この新しいビジネスのプロジェクトに競争心を抱いていたのでしょうか。

たぶん、ジルは違うタイプの心の支えを必要としていたのでしょうが、どのように助けを求めたらいいかわからなかったのでは？　会話もなく、サラは仮説を立て、執着し、最終的には口論になってしまったのです。残念ながらここまでくると、正直なコミュニケーションは明確化のためではなく、ダメージ・コントロールのためのものとなります。サラがジルとの関係を修復したいのなら、素直に謝罪する必要があります。

たとえ透明性を確保するために最善を尽くしても、最も重要な関係は理想とはほど遠いものになるでしょう。それは特に親族間の関係ではよくあることですが、対人関係の絆が個人のニーズを満たすことはありません。私たちは大切な人が変わったり、成長したり、理解してくれることを願います。しかし、あまりにも多くの失望が繰り返されることから、進化は起こりそうにないことがわかります。時には、そのような絆から完全に離れることも必要でしょう。でも、私たちは挫折を味わいながらも、その人と共に歩む人生を選ぶ場合のほうが多いのです。

このような対人的な力学は、うまくやっていくのが最も難しいものですが、障害のある人間関係の限界を受け入れることで、改善することができます。ありもしない支援を必死で得ようとするよりも、現実的な期待と感情的な境界線を設定することで、その関係をありのままに受け入れることができるのです。正直になりましょう。

もし誰かが360度のあなたを受け入れてくれなければ、その人に自分の100%のエネルギーを注ぐ必要はありません。そうでなければ、自分自身を含め、すべての人を失敗させることになります。その関係をありのままに受け入れることで、複雑な力学に余裕を持たせることができ、それによって新しい可能性、つまり成長への扉が開かれるのです。

このセッションで、サラは、母親との関係を改善しようとどんなに努力しても、いつも行き詰まってしまうと話してくれました。母親は、サラが切望するような心の支えになることができません――その事実には深い悲しみがあります。でも、私はサラにこう説明しました。お母さんとの関係に限界があっても、あなたは自分の人生を築き上げてきたと。

だから、認めるのはつらいけれど、サラは実は現状以上の母親を必要としてはいないのです。

同様に、母親が特定のタイプの愛情表現ができないことを認めることで、サラもまた、自身の人生によどんだ心の傷を断ち切ることができるのです。自分の人生に真実が吹き込まれ、サラには感情的な発見のためのスペースができます。もし、母親が変わるのを待つのではなく、サラが積極的に別のアプローチを選んだとしたらどうでしょうか？　結局のところ、私たちは他人をコントロールすることはできませんが、私たち自身は、世の中での生き方や他者との関わり方を変えることができるのです。

同じようなばからしい状況を何度も繰り返す必要はありません。あなたには権限があり、選択肢があり、自由意志があります。だから本当のつながりを受け入れることで、それがどんなに困難なことであっても、あなたは、その全体像（良いことも、悪いことも、醜いことも）、そのありのままの姿を認める決断をしているのです。これには非常に大きな意味があります。つまり、問題を抱えた人間関係を改善するだけでなく、自己のアイデンティティを強化し、人生で出会うすべての人、一人ひとりとの絆が深まるのです。そうです、本当に特別なことです。

自分の潜在能力を最大限に発揮するためには、完全な真実を実践することが必要不可欠です。何年も前に自己実現の旅を始めた時、私はまるで自分が映画『ライアーライアー』のジム・キャリーのように嘘がつけなくなったような気がしました。長年、否認と虚偽の中で生きてきて、弱さをさらけ出すことから自分を守ろうと必死だったのですが、私は突然、正直になることを止められなくなりました。私は街角の消火栓を開け、誰も欲しがらないデータを噴出させ、散らかしたような気分でした。アリザの通った道をきれいに片付けて！

興味深いことに、真実を語りたいという衝動は、私の断片化された基盤が崩壊した後に起こりました。西海岸からニューヨークへ戻った時、私は一文無しで、孤独で、敗北し、懸命に維持してきた見せかけの姿はすべて粉々になりました。私はもう「しっかりしている」ふりができなくなり、タロットカードの「塔」のカードのように、崩れてバラバラになってしまったのです。そこで初めて、私の現実が自由に流れ出したのです。

自信がつき、不安も減り、人間関係も良くなり、実際に……もっと楽しくなってきたかな？かなり短期間のうちに、自分の悪行を正当化するだけの日和見主義的な「友人」、エネルギーを吸い取ってしまうような人、有毒なイネイブラー（助けてあげるつもりが、かえって相手のためにならないようなことをする人）が消え始めたのです。その代わりに、挑戦し、支え、励まし、鼓舞してくれる人たちとの本物のつながりが、持続可能な方法で私を刺激してくれます。

その時、私は知らなかったのですが、象徴的な死と再生を経験している最中だったのです。新たに発見した真実性は「スピリチュアルな目覚め」と呼ぶにふさわしい強力な変容の兆候でした。この言葉は形而上学的なコミュニティでよく使われますが、スピリチュアルな目覚めの間に実際に何が起こるのかは、ほとんど定義されていません。

ですから突然、正直でなければならないという衝動に駆られた時、日々の現実が内側から変化していることに気づかなかったのです。しかし、長年にわたってクライアントと仕事をするうちに私は、スピリチュアルな目覚めを促すために、自分の世界全体が崩壊するのを待つ必要はないことに気づきました。**あなたは実際、真実を語るという、シンプルでありながら非常に難しい行為によって、スピリチュアルな目覚めを引き起こすことができます。**

私はセッションの中で、サラとこの考えを共有し、私の特徴的なスタイルとなった、嘘偽りのない、しかし深い思いやりのある態度で話を進めました。私はサラが嘘をついていると思っていたのでしょうか？　いいえ、サラが語ったこの一連の対人関係は、純粋に彼女の現実認識を反映したものだと思います。けれども占星術師として、私はパターンを見抜く専門家であり、この物語に充満するものを感じずにはいられませんでした。サラはコミュニケーションを怖がっていました。

対人関係を円滑に進めるための基本ルールの一つが、他人はコントロールできないということを受け入れることです。他人がすること、言うこと、感じることはコントロールできません。もちろん、これは「言うは易《やす》く、行うは難し」です。特に他人の傷や痛み、失望から解放されたい敏感な人にとっては難しいことでしょう。

しかし、自分をわきにおいて、他人の個々の経験をサポートすることほど、親切で思いやり深いことはありません。真実性を実践することは、自分の旅路に完全な責任を持つことであり、他の人も彼ら自身の物語に責任があることを認識することなのです。

人との有意義なつながりの構築は、自分の真実を体現することとの延長線上にあります。自分の考えや感情や望み、情熱を正直に表現しましょう。同時に、友人や親戚には、それぞれの意見や考え方があることを受け入れることです。あなたの最も身近な人が、あなたの選択に必ずしも同意しないかもしれないし、あなたも彼らの決断に同意するとは限りません——それでいいのです。

コミュニケーションを強化するために、次のことを忘れないでください。時折、対人関係に緊張が走るのは、正常なことであるばかりでなく、非常に重要なことです。迷ったら、あなたの心の中にある思いを共有しましょう。なぜ、意見の相違があなたを居心地悪くするのでしょうか。情報を交換するのに、あなたはどのような方法を望むでしょうか。人とのつながりに何を期待しているでしょうか。そう、人間関係は大変ですが、だからこそ価値があるのです。

復習

◇それぞれの人間関係は完全にユニークなものであり、他のすべての関係から独立して存在する。
◇スクエア（90度）は、私たちの潜在能力を引き出す挑戦的なアスペクト。
◇シナストリーチャートで対人関係の力学を探ることができる。
◇水星はコミュニケーションの惑星で、あなたらしい表現への洞察を与えてくれる。

内的（アストラル界）

相互関係表

自己実現は難しいものです。例えば、一晩で経済状況を変えることはできません。では、なぜ私たちはもっと人と人との絆について考える時間を持たないのでしょうか。私たちは何か問題が起こるまで、今までの人間関係を見直すことはありません。あなたが誰かに悩まされているにせよ、誰かがあなたに悩まされているにせよ、緊張が対人的な力関係を見直させます。しかし、残念ながら私たちが熟考して調整しても、人間関係は簡単に元に戻り、また同じ望ましくないことの繰り返しになってしまうのです。

ここで重要なのは、人とのつながりを深く考えるために、決して問題が起こるまで待ってはいけないということです。そのやり方では、思わしくない状態を長引かせ、怒りとフラストレーションをさらに増大させるばかりでなく、もし問題が解決されたとしても、その関係は人工的な条件の下で「解決」されるのです。誰もが緊張状態にあるため、あらゆる変更は不調和を修復するための対処法にすぎず、根本的な変化とは正反対なのです。

口論が起こる時、誰かが感情のアンバランスに反応していることがよくあります。同じように、すべての力関係はエネルギーの交換であり、常にギブアンドテイクであることを忘れてはなりません。**そこで、今ある人間関係をはぐくむための最適な方法は、相互関係表を作成し、この**

エネルギーの交換を可視化することです。

内的な、つまりアストラル界のマニフェステーションのために、相互関係表を使って、あなたの重要な人間関係をすべて調べましょう。それぞれの人間関係は唯一無二であり、従って重要な関係ごとに相互関係表を作成する必要があることを忘れないでください――人をグループにまとめることも、考えないでください。

相互関係表を作成するには、紙か日記のまっさらなページに2列の表を描きます。1列には〝与える〟、もう1列には〝受け取る〟と見出しを付けてください。上部に相手の名前を書いておくと、うまく整理できます。〝与える〟の欄には、あなたがその人間関係で与えられるものをすべて簡潔に書き出してください。携帯メールを書くのが得意ですか？　計画を始めるのが得意ですか？　カラオケのデュエットが得意？

自分のリストはくだらないかもしれないなどと気にしないでください。すべてのマニフェステーション・エクササイズ同様、ジャッジせず、正直であることが最も重要です。心に浮かんだことをなんでも書き留めてみましょう。あなたの心のどこかに、すでにすべての「与える」が記録されているはずですから、これはすでに存在する観察結果を書き留める場所にすぎません。

次に〝受け取る〟の列に移りましょう。その人間関係からあなたは何を得るでしょうか。知的な会話？　泣きたい時に受けとめてくれる？　大好きな音楽祭のＶＩＰチケット？　再びこのエクサイズで思い浮かぶあらゆるものを記録してください。あなたが得るものすべてが「社会通念上、受け入れられる」ものである必要はありません。もし同僚が素晴らしい飲み友達なら、それを書き留めましょう。友達がインスタグラムであなたをかっこよく見せてくれるなら、それを書き留めましょう。基本はすべてを相互関係表に入れてほしいのです。これはプライベートなエクササイズなので、誰かに見せる必要はありません。

このエクササイズを初めて実践する時は、2つまたは3つの相互関係表を続けて完成させることをおすすめします。それぞれの人間関係を1つずつ調べてから、あなたの答えを振り返りましょう。それぞれの力関係を評価した後、各表を比較検討します。あなたの人間関係はどう似ていて、どう違いますか？　繰り返されるテーマやパターンに気づくことはありますか？もしそうなら、それは表にどう表れていますか——与える側か、受け取る側か、あるいはその両方か？

この作成と振り返りの両方の実践を通して、あなたは自己認識を高め、より思慮深く人間関係を結びつけていくでしょう。もし、バランスを崩している場合は、その絆を調和させる方法を考えてみましょう。もっと与える？　減らす？　あなたがたくさん取りすぎている？　あるいは得るものが少なすぎる？　また、すべての人間関係において似たような特性に気づいたら、そのサイクルを振り返ってみてください。

あなたは、ある特定のタイプのつながりを求めていますか。その力関係は、幼少期からの意義ある関係を反映しているのでしょうか？　このパターンを続けたいと思っていますか、それとも新しいタイプの人間関係でその物語を壊したいと思っていますか？

理想的には、このエクササイズは人間関係の中で整合性を意識的に保つためのメンテナンスとして行うべきです。これは毎月の満月、つまり天空の星が夜空を照らす時のプラクティスに最適です。満月では、普段は陰に隠れているものがすべて見えるので、最も複雑な対人関係にも踏み込むことができる唯一の機会なのです。

また、これは少しでも問題が起きたら、いつでも行うことができます。あなたが友達にいら立ちを感じ始めたり、友人が変だと感じたりしたら、ペンを持って相互関係表を作る準備をしてください。これは最終的には自己実現のための訓練です。他者とのつながりを含め、自分の真実を理解すればするほど、より簡単に宇宙と協調して、自分の運命を切り開くことができるのです。

人間関係のためのマニフェステーション

外的（物質界）　自分の真実に触れる

物質界のテクニックを確認する前に、このつながりに基づくマニフェステーションがどのように機能するかを明らかにします。私たちは、自分の意識を変えることしかできません。同じようにこのエクササイズは、あなたのために、あなただけのためにデザインされています。あなたの友人、親戚、または同僚は、マニフェステーションに参加する必要はありません。あなたの自主性を活用することで、人間関係の力学をうまく改善することができます。

でも、だからといって、仲間から距離を置くことはありません。自分自身への投資（ひいては対人関係への投資）を選択したからといって、その関係全体があなたの肩にかかっているわけではありません。実は、明らかにするためにできるミニ・マニフェステーションがあります。それは、エネルギー的な進化のまっただ中にいることを友人に伝えることです（もちろん、自分の言葉で）。あなたは今、自分の最高の可能性とつながる過程にあり、あなたが自分の潜在能力を最大限に発揮できるよう、積極的に取り組んでいることを彼らに伝えましょう。

つまり、あなたが正直で、協力的で、バランスの取れた、力を与える存在であるよう、努力しているということです。また、友人たちにも内面に目を向けるよう促してもよいでしょう。しかし結局のところ、自己実現のための勇気ある選択は、完全にその人自身による決断です。従って、人間関係においてより積極的な役割を果たすために、これらのアストラルおよび物質的なテクニックを使う時、その恩恵は絆そのものを超えることを知っておいてください。その一方で、あなたは人生のあらゆる場面で、より楽しく、素直に存在感を発揮できるようになります。

もし、私たちが自分の真実をオープンに、自由に分かち合うことができたら、人生はどう見えるでしょう？　もし、私たちが心から安心して、自分の欲求やニーズ、情熱を伝えることができたなら？　誰もが自分だけの世界を持っていて、つまり人は皆、各自が複雑な現実観を持っているということです。

二人の人間が同じ目を通して世界を見ることはできません。ですから健全な人間関係を保つには、私たちは互いの共通点と相違点を認識し、思いやりのある共通点を見つけなければなりません。繊細で親切であることは、マナーに留まらず、一人ひとりの人生を尊重することなのです。

しかし、自分の真実を否定することは、まったく別の話です。もし、あなたが自分のニーズを優先しないなら、つまり、他人の期待を自分の期待よりも優先させ、自分の個性を消して周囲に合わせようとするなら、バランスの悪い、不誠実な人間関係に陥る可能性が高いのです。一日の終わりに、あなたはすべての対人関係に不満を感じるでしょう。しかし、その過程で自分が何者であるかを忘れてしまったあなたは、何が問題なのかを特定することができません。そして、このような関係が長く続けば続くほど、自分の真実とつながることが難しくなり、欺《ぎ》瞞《まん》の上に成り立つ悪循環がさらに進行してしまうのです。

でも心配しないで。そんなふうにいる必要はないのです。「**自分の真実に触れる**」という手法を通して、人間関係をより良いものにするために、本当の自分とつながることができます。このエクササイズには物質界、つまり、日常生活での意識的な気づきが必要です。

では、その仕組みはどうなっているのでしょうか。親しい人と関わっている時はいつも（対面であろうと、電話であろうと、メールであろうと）、静かな合図を発して、自分の真実との矛盾を個人的に確認します。この矛盾を積極的に経験しているか（例えば、本当は動揺しているのに「大丈夫」と言う）、あるいは受動的に経験しているか（親戚の自己中心的な暴言を45分間聞き流す）にかかわらず、この穏やかなジェスチャーがあなたの核となる価値観を再調整するのに役立ちます。

あなたの真実に触れるために、どんな合図を作ってもいいのですが、これは個人的なマニフェステーションであることを覚えておいてください。小さく、控えめな動きにしましょう。中指か人差し指で親指と輪を作るように、数回トントンと軽く叩くのがおすすめです——誰も驚かさずにできる簡単な動きです。自分自身に意識を向けることで、現実と感情を融合させ、直感力を高め、意識化された精神を強化することができます。

真実に触れ始める時は、身体的なジェスチャーで十分かもしれません。この小さな動作は宇宙に強力な合図を送り——対人関係であなたの真実が揺らいだとしても、あなたはいつでもハイヤーセルフとつながることができると確認するものです。そしてこのマニフェステーションがより快適になるにつれて、あなたは関係を断つことによって変化を起こしたくなるかもしれません。おそらく、あなたには対話を調整する力が湧いてくるでしょう（例えば、自分の発言を修正し、「私は大丈夫じゃない。あなたは私を傷つけている」と言う）。あるいは、有害な状況から自分を切り離すこともできます（自己中心的な親戚と長い時間を過ごす理由はありません）。

あなたの真実に責任を持つ時、あなたはどんな社会的相互関係でも選択できることを発見します。このマニフェステーションはあなたのニーズを表面化させ、あなた独自の現実に基づいて人間関係についての決定を下すことができるようにします。同じ人間関係は二つとないことを忘れないでください。どのような対人関係の力学があなたの個人的な状況に最も適しているかは、外部から知ることはできません。

基準を設定するのはあなた自身であり、あなただけです。ですから、アストラル界と物質界の両方で自分の最高の潜在能力を開花させる時、あなたは自分の意識の全領域を反映したつながりを形成するのです。惑星と同じように、あなたの人間関係はあなたの現実を映し出しています。あなたの太陽系を楽しんでください！

恋人は鏡。

@alizakelly

第5章 真実の愛で結ばれる

「なぜ愛を見つけるのがこんなにも難しいのでしょうか？」

「パートナーにはいつ出会えますか？」

「元彼とよりを戻すべきでしょうか？」

「どうすれば理想の相手が見つかりますか？」

ロマンティックな関係を強くするために

恋愛での相性が、多くの人にとって占星術を知る最初の一歩となるものです。それにはもっともな理由があります。天体の知恵は、出会いから長期的な関係の維持にいたるまで、恋愛のあらゆる段階での洞察を与えてくれるからです。

パートナーシップは対人関係の一つであり、前章で述べたような配慮が必要です。しかし、恋愛と他の対人関係との違いは親密さの度合いです。セックスは他の親密さの表現(例えば同棲、独占欲、結婚など)とともに、深くスピリチュアルであると同時に恐ろしくもろい絆をつくりだします。従って、このようなロマンティックな結びつきを強くするには、特別な注意が必要となります。始める前に、次の質問を日記や心の中で考えてみてください。

◇最後にロマンティックな関係になったのはいつでしたか?
◇時間の経過とともに親密さはどう変化しましたか?
◇親密さが変わっていないのはどのような点ですか?
◇もう親密ではなくなってしまったと感じたのはいつですか?
◇最後に親密さを感じたのはいつですか?
◇親密さを感じるのに役立つものは何でしょう?

苦しい関係を繰り返す理由

ライラとのセッションはこれが初めてではありませんでした。何度セッションしたか数えきれないほどです。もともと友人の友人として彼女を紹介されたのです。付き合いがいかに長いかは、彼女が私のアパートに来て、初めてのバースチャートのリーディング――私はずっと以前にやめていた――を行ったことが示しています。ライラが初めてセッションに訪れた夜は、彼女のバースチャートを探り、タロットを分析し、愛を引き寄せる「カム・トゥー・ミー」オイルを携帯電話に擦り込んで数時間過ごしました。

何年もかけて、ライラは美しく成功した女性に変身していきました。ライラは、スタイリッシュな感性と地に足のついた精神の両方を持ち併せていて、バランスを保っています。彼女のエネルギーは誠実で温かく、地に足がついているのです。これは、牡牛座の人（ライラは1983年5月12日午前4時48分、マサチューセッツ州ローウェルで生まれ、太陽、月、アセンダント、水星、火星、カイロンがすべて牡牛座のサイン）として理にかなっていると思います。

ですからライラがマンハッタンでイベントプランナーとして数百万ドルの業績を上げたのは、当然といえば当然です。彼女は月曜日から日曜日まで、有名企業や著名なセレブ、ニューヨークを象徴するカリスマ的人物のためにシャンパンで乾杯の音頭をとるなど精力的に活動しています。それは素晴らしいことです。

一見、ライラの人生は順調に見えるでしょうし、多くの点でそうでしょう。しかし、何度かセッションを重ねるうちに、その華やかさの裏に深い傷があることがわかりました。ライラの家庭環境は比較的平穏でしたが、学生時代にいじめを受けていたのです。15歳の時、クラスメイトが悪質な罠を仕掛け、「アメフトの人気選手がライラと付き合いたいと言っている」と吹き込みました。恋人と個人的にやりとりしていると思っていたラブレターをコピーされ、学校中に張りだされた時、ライラは屈辱感にさいなまれました。この体験はライラにとって忘れられないものとなると同時に、彼女の野心のきっかけとなったのです。

そのトラウマから、ライラは男の子との接触を断ち、自分がコントロールできること、つまり学業や、それに続くキャリアだけに集中するようになりました。もちろん、大学時代から20代前半にかけて短期間の交際はありましたが、数か月以上続いたことはありません。私がそれらの恋愛の結末を尋ねると、彼女はあっさりこう答えました。

「わかるでしょ。相性が悪かっただけ」

ライラは35歳になった時、何かを変えなければいけないことに気づきました。信頼できる相手と一対一の永続的な関係を築きたいと考えたのです。私は、彼女から男性と付き合い始めたと報告された時、とてもうれしくなりました。

「ライラ、すごいじゃない！　どんな人なの？」

「彼はとてもハンサムで、頭がよくて、働き者。私より少し年上で、本当は55歳なんだけど、

チャート 6

ライラ

1983 年 5 月 12 日
午前 4 時 48 分 EDT

アセンダント　牡牛座
月　牡牛座
太陽　牡牛座

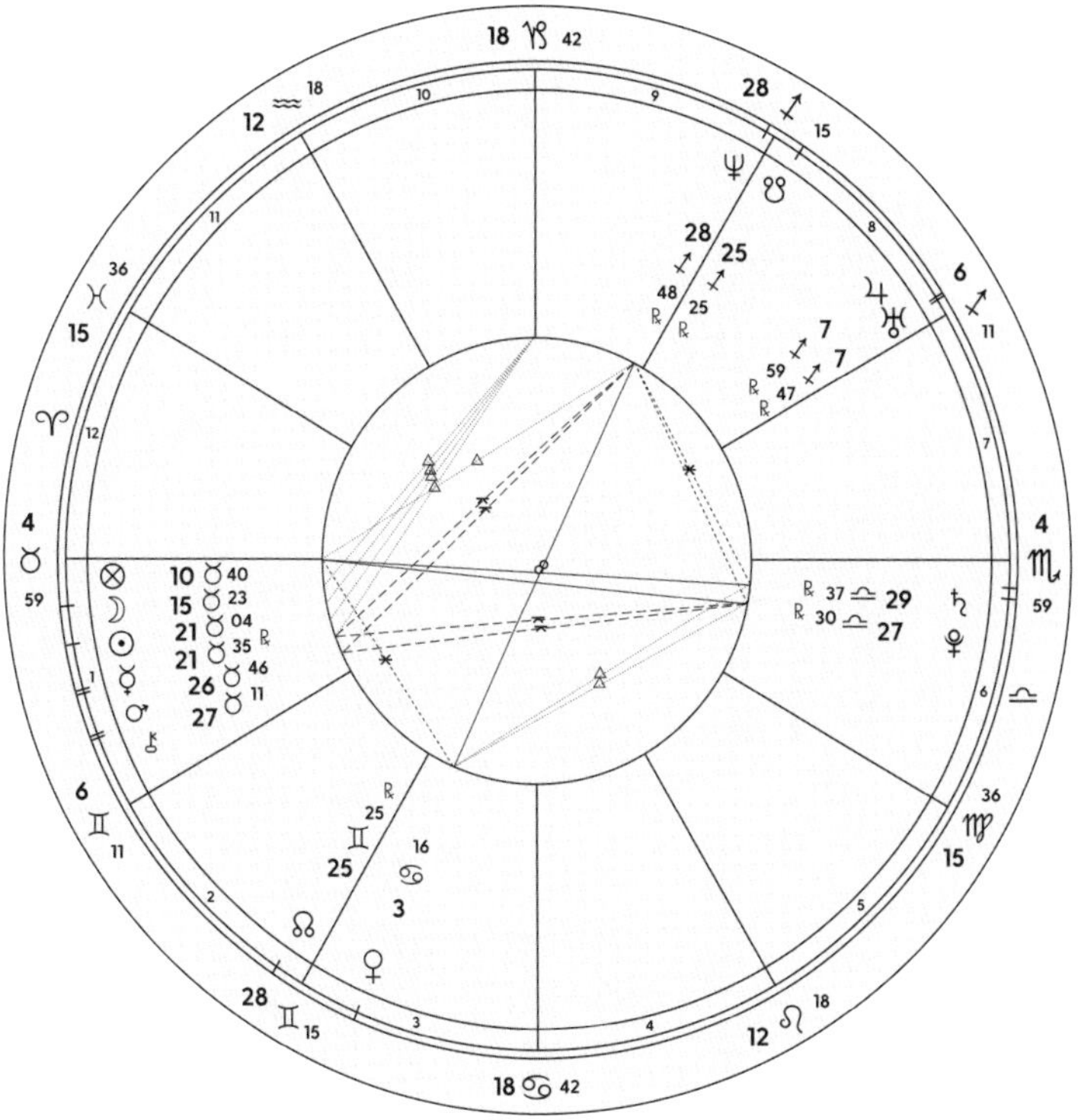

マサチューセッツ州ローウェル
42N38, 71W19

TLT 4:03
ST 19:20:59
プラシーダス

☉太陽　☽月　☿水星　♀金星　♂火星　♃木星　♄土星　♅天王星　♆海王星　♇冥王星
♈牡羊座　♉牡牛座　♊双子座　♋蟹座　♌獅子座　♍乙女座　♎天秤座　♏蠍座
♐射手座　♑山羊座　♒水瓶座　♓魚座　⊗パート・オブ・フォーチュン　⚷カイロン
☊ドラゴンヘッド　☋ドラゴンテイル　℞逆行

私は年上が好きだから。彼はかなり厳しい離婚を経験しているんだけど、彼の拠点はシアトルだから、彼の元妻や子供、仕事なんかに私が巻き込まれることがなくていいのよ。一日中メールして、彼がニューヨークに来ると、すごく楽しい！」

私は自分の感情が表情に出ないよう抑えようとしましたが、あいにくポーカーフェイスは得意ではありません。「なぜそんなふうに私を見るの」と尋ねられ、白状せざるを得ませんでした。「ちょっと気になるのは、同じ街にいない彼と、どうやって本物の関係を築けるの？　愛にもいろいろあるでしょうけれど、同じ人生を生きているように思えない。彼は真剣なの？」

ライラは何の問題もないと言ってくれましたが、数週間後、悪い知らせをメールしてきました。「ミスターシアトルが〝圧倒されすぎて〟前に進めない、と言ってきたの。最低！」

「残念ね」と私は答えました。「大変だったね。でも本当に驚いてる？　私はこれでよかったと思う！」

約2週間後、ライラとの毎月の定例セッションの電話会議がありました。私が彼女の体調を尋ねると、ひときわ元気で明るい声が返ってきたのに驚きました。

「私はとても元気。ジョーイのことを話すのが待ちきれない！」

ジョーイとの出会いは、ミスターシアトルが霧の中に消えてから、わずか1週間後のことでした。彼女が言うには、ジョーイは36歳で、成功していて、間違いなく真剣な関係を求めている人だそうです。けれども、残念ながら彼はニューヨークではなく、アトランタに住んでいたのです。

「また遠距離恋愛なの？」と、私は不平がましく言いました。

「たまたまよ」と彼女は笑いましたが、私のリーディングに偶然はありません。ライラが本当のパートナーになれない人と結ばれてしまうのには明らかな理由がありました。その関係が破綻すると（ジョーイは同じアトランタに住む元恋人ともう一度やり直したかった）、ライラはイギリスに住む不動産王、アントニオと同じパターンを繰り返したのでした。

「ライラ、この男性は誰？　何度会ったの？」

彼とはロンドンのファッションウィークで出会い、10日間一緒に過ごしたそうです。そこから二人は離れがたくなりました。彼は、ライラがニューヨークに戻る前にさらに数時間一緒に過ごせるように、彼女のフライトを変更する料金さえ払ってくれました。

「ロマンティックじゃない？」とライラはうれしそうです。私は「そうかもね。でも、彼が不動産業界の大物なら、とんでもないお金持ちだろうから、フライトの変更料金なんて大したことないでしょう」と言いました。第3章で説明したように、お金の価値は人によって異なるため、金額の大小が必ずしも関心度を測る最良の方法ではないのです。

「次はいつ会えるの」と尋ねた私に、彼女はため息をついて、「わからない」と言いました。アントニオは数週間ドバイに行き、彼女はテキサス州で行われる大きなビジネス・イベントのためにオースティンに行くことになっていたのです。彼らはほぼ毎日メールをしていました！

ライラはいつもグローバルに活躍する人と一緒にいる自分を想像していましたから、彼女にとってアントニオは理想的だったのです。

このセッションが音声のみだったことに感謝しながら、私は目を閉じ、指先を額に押し当てました。ライラの状況は切迫していました。私たちはいくつかの問題に真剣に取り組む必要がありました、それも早く。

★

占星術は、私たちが一歩引いて、より広い視野から自分の現実を理解することを可能にしてくれます。私は一対一のセッションでは、クライアントにすべてをテーブルの上に広げて出してもらい、すべての真実を見渡せるようにします。占星術師として、文字通り太陽の下で聞いてきたあらゆることをクライアントに伝えます。私たちがともに創る神聖な空間は、誠実さ、透明性、複雑さを目的としています。私はクライアント独自の状況に導かれながら、星の軌道をその人の現実に結びつけ、バースチャートが象徴するものと現実の状況を重ねていくのです。

多くのクライアントが恋愛に関する質問をしにやってきます。私は結婚できる？　最愛の人にはいつ会える？　私に合う人は誰？　もちろん、これは当然の質問です。

占星術と相性は切っても切れない関係にあります。そして、多くの人と同じように、私が初めて星に興味を抱いたのは書店の店頭で、心の問題をいろいろ抱えている時でした。私は12

歳くらいで、片思いの相手との関係に希望があるかを知りたくて、持てる限りの本や雑誌を手に取り、スピリチュアルコーナーの隅に陣取りました。

占星術で調べると、太陽が獅子座にある私は自信にあふれ、社交的であることがわかりました。一般に陽気な性質を持っていますが、嫉妬深さに注意する必要があります。私の片思いの相手は太陽が天秤座で、彼もまた自信があり、外交的。人と付き合うのが大好きでしたが……ああ。彼は非常に浮気性で、一人の相手に自分の全エネルギーを注ぎたくないのです。それは本当でした！

占星術における太陽星座は、あなたの占星術的なプロフィールの重要な部分となり、自我、本質、自己意識を象徴します。ただし、太陽星座はパズルの小さな1ピースにすぎません。占星術には他にも同じように個性をつくりだす、何十もの惑星や星やポイントがあり、そこからバースチャートが作られます。けれど12歳の私は、太陽星座の相性ですべてがわかったようなつもりでいました。それはまるきり間違いというわけではありません。ただし、大人になるにつれて、自分のチャートは成長し続け、自分は太陽星座だけでは定義できないことがますます明らかになりました。

さらに心の問題になると、あなた自身やパートナーを、太陽星座という単一のステレオタイプに当てはめることはできません。魚座の人がすべて繊細なわけではありませんし、牡牛座の人がすべて頑固なわけでもないのです。申し訳ありませんが、魔法のような宇宙的な相性の公式といったものはありません。占星術は特効薬ではありませんし、星は恋愛を単純化することはできません。占星術は、愛がしばしば恐怖やもろさ、疑いと絡み合っていること、そして親密な関係を非常に厄介で複雑なものにしていることを実際に確認しているのです。だからこそ、愛は美しいのです。

占星術の観点からみると、金星は恋愛において重要な役割を果たします。興味深いことに、金星は愛と美の惑星であるにもかかわらず、神話上の起源は必ずしも喜ばしいものではありません。ギリシャ・ローマ神話によれば、天王星（ウラヌス、原初の天空の神）が息子のクロノスによって去勢された後、ウラヌスの性器は海に投げ込まれ、彼の切断された性器、血液、精液は凝固して濃密な泡になり、そこから金星（ヴィーナス、ギリシャではアフロディーテ）が誕生したという、驚きのお話です（これがボッティチェリや、後のカバネルによる「ヴィーナスの誕生」が、海から誕生するヴィーナスを描いている理由です）。

けれども金星は自らのおぞましい出生をあまり気にしていないようです。**バースチャートにおいて金星の位置は、個人的な好み、美学、物質的な所有物だけでなく、愛着、崇拝、恋愛を支配します。**実際、あなたの出生時の金星は、あなたが恋愛関係に何を望んでいるのか、そしてあなたが求愛にどうアプローチするのかの両方を明らかにします。

クライアントの前で、私はよく金星を太陽系の「マリー・アントワネット」と呼んでいます。ヴィーナスは、クリスタルの大皿に盛られた退廃的なスイーツをかじり、6時間お風呂に浸かり、巨大なヤシの葉であおいでほしいと望むのです。

でも、金星がそれほど甘やかされているのに、なぜ愛はそんなにつらいのでしょう？

金星の元型（アーキタイプ）は理論的には素晴らしいのですが、常に耽溺《たんでき》状態にあるということは、まったく非現実的です。駆け出しの占星術師は相性を測るものとして金星に目を向けますが、このよくある間違いによって残念な結果が生じます。金星は私たちの理想を映し出しますが、前の章で明らかにしたように、神話化された自己と他者のイメージを優先することは災いのもととなるでしょう。金星の人の感性は魅力的ですが、現実とは対照的なファンタジーによって構築されていることがよくあります。

金星の嗜好はすぐに浅はかな興味に堕落してしまう可能性があり、バラ色のメガネを外そうとしないため、この惑星は「欲しいもの」と「必要なもの」を区別するのに苦労します。そのため、金星のエネルギーはキッチンを改造したり、豪華なパーティーを開いたりするのには役立ちますが、結局のところ、それは論理的にも直感的にも機能しません。金星は単に愛されたいと思っているだけなのです。

しかし、金星は私たちを混乱させるためだけにここにいるわけではありません。金星は、愛は素晴らしいものであり、あなたがロマンティックなパートナーシップに値することを思い出させてくれるのです。同様に、あなたのバースチャートで金星が占めるサインに注目すると、なりふり構わぬ献身の表現（86～87ページ〔表3〕参照）と、そのエネルギーが現れる人生の領域としてのハウス〔25ページ〔表1〕参照〕を経由した配置についての理解が深まるでしょう。

例えば、金星が獅子座の第6ハウス〔日常のルーティンに関連する〕にある人は、日常生活の中でパフォーマンスをする機会を求め、その結果注目を浴びるかもしれません。あるいは、金星が第11ハウス〔大規模なコミュニティを表す〕の双子座にある人は、社会的状況を非常に重視するため、「友人」と「恋人」の間を頻繁に行き来するかもしれません。

★

複雑なことかもしれませんが、親密さは自己実現に不可欠な要素です。永続的な愛は、あなたがパートナーに認められ、感謝され、理解されることで生まれ、その結果、自分自身を別の視点から理解できるようになるでしょう。同様に、パートナーを非常に複雑な個人として受け入れ、長所と短所の両方からインスピレーションを得る時に、真のパートナーシップが生まれるのです。

あなたがパートナーを愛しているのは、変わっているからです――変わっているにもかかわらず、ではなく。本当に相性の良い人を見つけると、互いを高め合うことができます。互いが相手を輝かせ、その結果、探求心、楽観性、安心感といったものを無理なく交わし合えるのです。

しかし、それは意見の相違がないことを意味しているわけではありません。実際、最高のカップルはケンカを恐れません。なぜなら摩擦が活動の原動力となることを知っているからです。健全な議論は特別な緊張感を生み出し、最終的にカップルの距離をさらに近づけます。二人の絆が確かなものである時、あなたは安心して、ありのままの自分でいられると感じ、潜在能力を最大限に発揮することができるのです。

もちろん、パートナーシップに何を求めるかは、極めて個人的な問題です。蟹座、天秤座、山羊座の金星を持つ人のように、より伝統的なパートナーシップを求める人もいれば、牡羊座、射手座、水瓶座の金星のように、より進歩的で大胆な関係を好む人もいます。金星がライラの人生で重要な役割を果たしているのは当然です。ディスポジターと呼ばれる手法(支配星〔ルーラー〕の配置に基づいて各惑星の「ボス」が誰であるかを判断すること)を使うと、ライラのチャート上の牡牛座にあるすべての惑星とポイントが、蟹座3度に位置する金星の支配下にあることがわかります。

蟹座の支配星は月で、ライラのチャートでは月は牡牛座(支配星は金星)に位置しているため、月と金星は「ミューチュアル・レセプション(相互受容)」(二つの天体の位置が互いの支配するサインにある状態)として知られる神秘的なつながりにあります。ミューチュアル・レセプションでは、星は調和して連携する、ほとんど単一のユニットになります。

伝統的な占星術では、この流れを吉兆と見なしますが、ライラの経験からするとそうではありません。ライラの金星と月の調和は、欲望と感情の強力な一致を表しています。前向きな状況では、これは喜ばしい天体の印となりますが、ライラの現実ではそうではありませんでした。

ライラにとって、金星と月は破壊的なイネイブラーとして機能していたのです。恋に悩む月は金星の機能不全のふるまいを承認し、金星の不安は、月の恐怖を助長していました。

でも、あなたは、本当に現実を知りたいですか？　サイクルを断ち切り、星を再調整して、幸せで長期的な関係を確実に成就させることができる唯一の人は……そう、あなた自身なのです。すでにお伝えしたように、あなたの恋愛関係を含む物質界は、アストラル界によってかたちづくられています。言い換えれば、あなたの思考はあなたの現実の指示書を書いている、つまり、あなたのパートナーシップは、良くも悪くもあなたが価値があると信じているものの純粋な現実化だということです。

最近のセッションでライラは、なぜ自分がくだらない男（アントニオも本当に嫌な奴であることが判明しました）に恋をし続けるのかと尋ねました。気分が悪くなった私は「あなたが彼らをつくり続けるからです！」と叫びました。「彼らは現実ではないの。あなたの想像の産物よ！」と。確かにトリッキーなことを言ったものですが、本当のことです。**恋人は、私たちが見たいものを正確に映し出す鏡なのです。**

あなたはいつも混沌《こんとん》とした、信頼できない関係の中にいますか？　付き合って4週間もたつとパートナーはいつも離れていってしまう？　あなたは永遠にシングルのままですか？

恋愛に問題があるように感じるかもしれませんが、実は恋愛はあなたの内面の状態に対する外的な反応にすぎないということです。これらは選択なのです。選択はオプション（選択権・

表5　ルーラーシップ（支配権）チャート

惑星	現代のルーラーシップ	伝統的なルーラーシップ	伝統的なデトリメント（障害）	伝統的なエグザルテーション（高揚）	伝統的なフォール（下降）
太陽	獅子座	獅子座	水瓶座	牡羊座	天秤座
月	蟹座	蟹座	山羊座	牡牛座	蠍座
水星	双子座 乙女座	双子座 乙女座	射手座 魚座	乙女座	魚座
金星	牡牛座 天秤座	牡牛座 天秤座	蠍座 牡羊座	魚座	乙女座
火星	牡羊座	牡羊座 蠍座	天秤座 牡牛座	山羊座	蟹座
木星	射手座	射手座 魚座	双子座 乙女座	蟹座	山羊座
土星	山羊座	山羊座 水瓶座	蟹座 獅子座	天秤座	牡羊座
天王星	水瓶座	—	—	—	—
海王星	魚座	—	—	—	—
冥王星	蠍座	—	—	—	—

選択の自由）を意味し、オプションは物事を変えていける可能性があることを意味するため、これは素晴らしいニュースです。

★

恋愛は私たちを本当に苦しめるものです。他のどんな対人関係よりも、恋愛関係は私たちを窮地に陥らせる可能性があります。なぜ窮地が避けられないのでしょうか？　パートナーシップには、脆弱性、友情、セクシュアリティ、責任、経済、家族などのテーマが混在しています。恋愛におけるパートナーシップは多くのことを含んでいるのです。同様に、私たちは「誰と」つながるか、そして関係が確立したら、「どのように」相手と関係を築いていくのかについて意識し続けることが欠かせません。言い換えれば、私たちの内省のプロセスは、単に理想の相手と巡り合うことだけでなく、理想の関係を確立するために必要なのです。

占星術は、物事を単純に「良い」「悪い」の二元論で定義することはできません。ライラの月と金星のミューチュアル・レセプションで考察したように、最も縁起がいいとされているつながりでさえ、課題との衝突があるのです。第4章でサラとジルについて作成したようなシナストリーチャートを使って、私たちは各個人が自分のパートナーからどんな影響を受けるかを判断できます。クライアントの相性を解釈する時、私はチャートを並べて見て（Aさんの太陽はBさんのチャートのどのハウスを活性化し、Bさんの月はAさんのチャートのどのハウスを活性化するか？）、親密な絆から受ける影響の類似点と相違点の両方に注意を払います。

私は「親密さ」という言葉が好きです。繊細なレースや絡み合う指などを思わせます。本物の関係は親密さの上に築かれます。このようなパートナーシップには、透明性、誠実さ、無防備さが必要です。**真の親密さを体験するには、パートナーを信頼する必要がありますが、パートナーを信頼するには、まず自分自身を信頼する必要があるのです。**あなたの気持ちは複雑で、あなたの過去は厄介なものだと信じてください。あなたは決して完璧ではなかったし、これからも完璧になることはないと信じてください。あなたの愛する能力は無限だと信じてください。

親密さの非常に重要な要素の一つにセックスがあります。ああ、発情と同じくらい単純だったら、物事はとても簡単なのに！　残念ながらセックスは、心理学やスピリチュアリティ、実存主義が絡み合った、アイデンティティの複雑な表現なのです。誰かを強く欲していたのに、実際にセックスしてみたら、がっかりしたことはありませんか？　または、性的な出会いを終えた後、疲れ果てたり、不安や恐怖を感じたりしたことはないでしょうか？

多くの場合、私たちはセックスを欲望の「解決策」と認識し、それが誰かの気持ちを固めると間違って信じています。私たちは、セックスが関係を次のレベルに引き上げてくれるとか、心が通じていることを明確にするとか、ある種の感情的突破口をつくるものだと信じているのです。

しかし、セックスは感情的な通貨であり、私たちは各自が何を交換しているかを知ることが不可欠です。あなたにとってセックスとは何ですか？　あなたのパートナーにとってセックスは何を意味するのでしょうか？　親密さを求める人もいれば、力を求める人もいるでしょう。ある人はセックスを愛を確かめる表現として認識し、別の人はそれを相互マスターベーションとして経験するのでしょうか。

人がセックスをしたいと思う理由は無限にありますが、ほとんどの場合、私たちは相手も自分とまったく同じ理由だと思い込んでいます。これは災いのもとです。

例えば、あなたはセックスを愛の行為と考えていますが、あなたの新しいデート相手はセックスを支配のための行為と考えているとします。これはあなたのデート相手が悪い奴だということでしょうか？　そうではありません。セックスとの関係は人それぞれで違っていいのです。しかし、二人のセックスに対する理解が異なっていることを知らなければ、感情的に深い満足感を得られないまま終わってしまうかもしれません。

多くの占星術師は、「愛」と「性」の概念をそれぞれ金星と火星で区別しています。

ローマ神話の軍神にちなんで名付けられた火星（マルス）は、確かに戦いとセックスにまつわることは事実ですが（火星のグリフは、実際に勃起した陰茎に似ており、ポップカルチャーでは「男性のシンボル」として採用されています）、私の経験上、人の欲望は一元的に機能しているわけではありません。**言い換えれば、あなたの火星の配置（86〜87ページ〈表3〉参照）からは、あなたがどのようなスタイルでセックスしているかはわかるかもしれませんが、なぜセックスし**

ているかはわかりません。

肉体的衝動の背後にある動機を理解するには、すべての星とポイント（あなたの月はどのような感情的な栄養を必要としていますか？　あなたの出生時の太陽はどのように放射していますか？　あなたの欲求を伝えるために、どのように水星を使っていますか？）、そして現実の状況（あなたの過去と現在の世界で実際に起こっていること）を考慮する必要があります。

あなたの人生に親密さがどのように表れるかを理解するには、時間と忍耐、そして驚くほど多くの自己認識が必要であると言えば十分でしょう。特にあなたの基本的な恋愛スタイルは、あなたの最大の恐怖の物理的な現実化であるため、それを認めるのは必ずしも簡単なことではありません。一見、逆効果に思えるかもしれませんが、実はとても簡単なことです。**私たちは、自分に欠けていると思うものを望んでいます。**これがお金に関する知恵を思い出させるなら、その通りです。欠乏にフォーカスする思考法は、資産だけに当てはまるのではなく、恋愛関係にも当てはまります。

自暴自棄が経済的な豊かさを妨げるのと同じように、自暴自棄は健全な恋愛も妨げます。アストラル界のキッチンで調理しているものは何でも、物質界にアツアツの状態で提供されることになります。私たちの多くは、その不安が現実の人間関係の中に表れてしまいます。しかし、不安は正しい判断を下しません。むしろ、根深い不安に基づいて構築された関係は、悪循環に拍車をかけてしまいます。

その良い例が私のクライアントのレニーです。レニーはお金持ちとの結婚に執着し、投資銀行家がボーイフレンドになった時、彼女は理想の人を見つけたと確信しました。レニーが富に執着したのは、彼女が本質的に表面的で物質主義的な人物だったからではありません。子供の頃、彼女にとってお金が愛の象徴だったからです。だから裕福な人を見つければ、長期的な関係と感情的な親密さが保証されると勘違いしてしまったのです。しかし、愛が安定的で持続的であるのに対して、お金は不安定なものです。同様に、この関係はレニーにとって大きな幻滅をもたらすものでした。ボーイフレンドが何をしても、しなかったとしても、彼女は決して満たされることはありませんでした。

もちろん問題は、彼女が彼を人として愛していたからではなく、彼が象徴するものを愛していたから関係を築いたということです。これはまったく別のことなのです。

別のクライアントのエイブリーも、人間関係でこのようなことに遭遇しました。私たちの多くがそうであるように、エイブリーも自尊心の低さに苦しんでおり、長年にわたって、すべての「良い相手」は「自分とは無縁の相手」だという誤った思い込みをしていたのです。そこでエイブリーは、彼女が「安全な相手」、つまりエイブリーのガールフレンドであることに喜びを感じ、それゆえ自分よりクールでかわいい女の子と駆け落ちするようなことは決してないだろうと思える相手に決めたのです。

しかし、エイブリーの「安全な」ガールフレンドは、自信のなさに苦しんでいた人でもありました。彼女はやる気がなく、不幸で、極度の共依存でした。しかし、エイブリーは自暴自棄からその関係に入ったため（欠乏にフォーカスする思考の最たるもの）、実際のガールフレンドを見ていたのではなく、むしろ自分が想定した恋人像を見ていただけなのです。皮肉なことに、エイブリーのガールフレンドは安全でないだけでなく、実際には信じられないほど有害でした。彼女は無礼で不誠実でした。エイブリーはまたしても裏切られたのでした――そもそも望んでいなかったような相手に。

ここから得られる教訓は何でしょう？　**恐怖に負けて相手を選んでしまうと、自分の不安を物理的に現実化した人と付き合うことになります。**何ということでしょう。

でも、私たちは人間ですから、間違いを犯すのは当たり前で、それはまったく問題ありません。しかし、より大きな問題は、私たちが自分の選択に責任を取らない場合です。確かに、否認は親密さの致命的な敵です。それこそが、ライラの恋愛がいつも大失敗に終わる理由そのものです。ライラの行動は明らかに同じことの繰り返しであるにもかかわらず、彼女がそのパターンを認めようとしないのは、自分が本当に望んでいることを認めるのを恐れているからです。

アストラル界で自分に正直になれなければ、物質界で誠実な恋愛関係を築くことはできません。覚えておいてほしいのは、私たちは常に自分の現実をマニフェステーションする過程にいること――私たちは信じられないほど強力な宇宙的存在だということです。自分が何を望んでいるか自分自身に嘘をついていると、エネルギー的に正しい相手とつながることは不可能です。

ライラにとって、これらの報われないパートナーシップを正当化することは、真の愛を持たない男性が、実は彼女が望むものを提供してくれていると自分自身を納得させる試みでした。これが自分が得られる最高のものなのだと。遠距離恋愛の相手たちはニセモノの恋人であるにもかかわらず、彼女が正しい相手に出会うことを妨げていました。そして、ある意味それが彼女の望んでいることでした。まともに付き合える相手と出会うには、実際には自分が不安定になる必要があり、ライラにはその覚悟と準備ができていなかったからです。

悲しいことにライラは、「不完全な」人間である自分と、本当の意味で何かを築き上げようとする人はいないだろうと信じていました。そのためライラは拒否されるリスクを冒すよりも、明らかに永続的な関係を築くことができない相手とつながることを選んだのです。

この行動は一見すると逆効果に見えるかもしれませんが、ライラの自虐的な物語をうまく強化しています。これらの失敗した「パートナーシップ」はすべて、ライラの仮説を証明し、彼女の恋愛下手という主張を正当化しているのです。

「ライラ、あなたはアントニオと本当の関係を持つことができないとわかっていたよね。正直なところ、彼もあなたが真剣な関係を求めていないことを知っていたはず」

私は最近のセッションでそう言いました。

「どういう意味?」と彼女は尋ねました。

「もしあなたが真剣な関係を求めていたなら、彼とはデートしなかったでしょう」

★

理想の相手に巡り合いたいなら、あなた自身に出会える準備ができている必要があります。とはいえ、言うは易く行うは難し、ですよね。もしかしたら、あなたは追いかけることに夢中になっているかもしれません。

出会い系アプリは短時間で相手を見つけるために作られています。相手がどんなにあなたに好意的であっても、「いいね！」やマッチングの瞬間的な満足感は、真剣な関係とは比べものになりません。

あるいは、幻想にとらわれているのかもしれません。あなたは関係がうまくいくことを望んでいます。想像の中にだけ存在する関係に夢中になり、必死にそれを現実にしようとするでしょう。しかし、マニフェステーションはそういうものではありません――私たちは他人をコントロールできはしないのですから。

真実の愛を得られない相手のために、自分の全エネルギーを費やしているなら、結果は……厄介なことになるでしょう。そして、これが何度も続く可能性があるのですが、続けば続くほど、真に有意義な関係を結べる人と出会うまでに時間がかかってしまいます。

あなたは自分の真実を尊重する責任があるので、親密さ（セックスを含む）には完璧かつ完全な透明性が必要です――否認の余地はまったくありません。**本物の、長く続くロマンティッ**

クな絆を築くためには、アストラル界と物質界の両方で、恐れを知らない自己認識を実践する必要があります。

私たちの多くにとって親密さは、人間関係において最も難しいものの一つです。なぜ難しいかというと、親密さは脆弱性をあらわにするものだからです。カーテンを開け、あなたの人生のあらゆる側面を隅々まで探索し、自分の運命を本当に現実化するために自分自身を強化していくと、ロマンティックなパートナーシップは自意識の延長線上にあるとわかってくるでしょう。これらの関係にも注意深い分析と努力が必要です。私たち個人にとっての親密さが何を意味するのかを本当に理解しないかぎり、完全に自己実現することはできません。

もちろん、これは一律に当てはまるものではありません。伝統的な結婚を求める人もいれば、もっとオープンで柔軟な関係を好む人もいるでしょう。また、パートナーシップを一切持たず、一人の個人として自律性を保つことを選択する人もいるでしょう。これらはすべてまったく問題ありません。一方のアプローチが他方よりも優れているというわけでもありません。自分にとって納得のいくものを選んでください――個人的なことですから。

ただし、注意しなければいけないのは、**パートナーシップに対するあなたのアプローチは選択であり、義務ではないということです。**他者とのつながり方（あるいはつながらないこと）は、あなたの精神に直結しているため、大きな意味を持ちます。意識することで、潜在能力への入口が開かれ、自己理解が深まるのです。突き詰めると、パートナーシップを持たないという選択は、誰かとパートナーになるという選択と同じことです。いずれにせよ、あなたは他者との関わり方について決断しているのであり、それに応じて他者もあなたとの関わり方を決定しているのです。これは受動的に受け入れることとはまったく異なるものです。

簡単だから、手に入るから、もうこれ以上良くならないからと、あきらめて承諾することは、どんな世界でも選択ではなく、剝奪です。

望んでいないことに「イエス」と言うと、それが一個人のことであろうと関係性の中でのことであろうと、あなたが最高の人生を実現していないという議論の余地のないメッセージ――自分の真実を尊重し、自分の最高の可能性に到達することに興味がないこと、直感に耳を傾けていないこと――が宇宙に送られます。ゆっくりと、しかし確実に、この疑いはあなたの現実のあらゆる側面に浸透し、マニフェステーションのサイクルを妨げ、自己実現を妨げます。そう、これは極端な話です……でも、誇張でもありません。

結局、すべてのパートナーシップ（パートナーシップの不在を含む）には、積極的な意識が必要なのです。あなたは今の恋愛の状況に満足できずにいませんか？　問題ありません！

次のエクササイズは、あなたの恋愛が軌道に乗るのを助けてくれるでしょう。すでに幸せで長期的な関係にありますか？　素晴らしいことです！　マインドフルネスを通じてロマンティックな絆を結び続けることが大切です。結局のところ、自分たちの親密さに責任があるのは私たち自身であり、メンテナンスが不可欠なのです。メンテナンスを怠ると、最も精巧な建造物でさえ崩壊する恐れがあります。

復習

◇親密な関係は、意識の多くの側面に関連している複雑な力学。
◇恐怖、否認、不安は、私たちが正直で脆弱かつ持続可能な力学をはぐくむことを妨げる。
◇有害なサイクルは、積極的な自己認識によって断ち切ることができる。
◇金星は私たちがどのように愛されたいかを明らかにし、火星は私たちの動機（性的な衝動を含む）を象徴している。

恋愛のためのマニフェステーション

内的（アストラル界）

愛を送る

この章を通して探求したように、永続的な愛を見つけて維持する際の最大の障害は、自己不信です。私たちが恐れからロマンティックな関係に近づく時、皮肉なことにその不安を現実化した人々とつながってしまうでしょう。自暴自棄は、残念ながら良い相手との出会いをもたらしません。不安なエネルギーは、あなたの利益をいちばんに考えていないのです。

あなたは、あなたの精神の具体的な延長である人々とつながる、と言えば十分でしょう。でも、心配しないでください。アストラル界は、あなたの思いやりのある意識によってかたちづくられた順応性のある世界です。この内面的で内省的なエクササイズは「愛を送る」と呼ばれ、とても簡単なものです。

1枚の白紙または日記の何も書いていないページに、あなたの最大の自己批判を3つ書いてください。それ以上でもそれ以下でもありません。このエクササイズは、弱点のリストを作成することが目的ではなく、あなたが認識している「欠陥」に焦点を絞ることで、どのネガティブな考えが最も活発にあなたの精神に影響を与えているかを特定できるようにするためのものです。自分にとって意味のあるあらゆる次元から引き出すことができます。

これらの「欠陥」は、性格、過去の経験、身体的特徴、感情的特性など、どのようなものでもいいでしょう。3つの自己批判のリストをまとめられない場合、それもこのエクササイズの指針にしましょう。あなたは自己実現ができて、自分のあらゆる部分に心から安らぎを感じたことがありますか？　それとも、自分自身に対してでさえ弱さを開示することを拒否しているのですか？

リストを作成したら、第2段階に進みます。ここがこの方法のいいところです。最終的には、これらの特性を利用して、自己不信をサイキックウォリアー（霊的な戦士）にアップグレードします。これらの特性は、自分自身の弱点と思われるものを、完全に自覚された強みに変換する力を持つ、精神的な自警団になるでしょう。信じられないでしょうが、欠陥として挙げた3つの特性があなたのアストラル界のチアリーダーになろうとしているのです。しかし、彼らを野性に帰す前に、愛情を送ってあげる必要があります。

これらの特性が自信を持って新しい役割に踏み出すためには、それらが力を発揮できるようにする必要があります。各特性の横に、その特性が本来持っている才能のいくつかを書き出してみてください。その特性があなたに不利に働くのではなく、強みとして働くようにするには、どのようにあなたの認識を改めればいいでしょうか？

例えば、あなたが「完璧主義」を否定的な特性と認識している場合は、その肯定的な要素を調べてください。おそらくあなたは几帳面で、細部にまで気を配り、信頼できる人でしょう。仕組みを考えることが得意で、注意散漫な友達が混乱している時に助けることができるかもしれませんね？

もしあなたが「お腹」、と身体的な特徴をリストに挙げたなら、それを別のレンズを通して想像してください。もしかしたら、あなたのお腹は柔らかくて丸く、神聖な女性らしさを象徴しているかもしれません。もしかしたら、体のこの部分に感情をため込んでいるのかもしれません。あるいは、このあたりがあなたの直感の震源地なのかも？

このエクササイズは簡単ではないかもしれません。何しろ、あなたはおそらく何年もの時間を、まさにこれらの特徴に復讐《ふくしゅう》するために費やしてきたのですから。しかし、あなたは自分の物語を書いていて、今、その物語にどんでん返しを書き加えているのです。あなたはこれらの特性に思いやりを見出すだけでなく、実際に価値を与えています。また、これらの資質は今、あなたのチームの一員であり、愛によって動機づけられているため、将来、自己不信のクーデターを鎮めるのに役立つことでしょう。

あなたの恐怖を実在させることによって、自分自身の邪魔をしてはなりません。あなたの現実は精神的な次元の延長であり、あなたはアストラル界を、あなたの完全で完璧な自己を包含する、刺激的で支援的な風景に変えたいと考えています。このエクササイズは、あなたがエネルギッシュな変化を望む時にいつでも実行することができます。初めてのデートに行く時でも、今のパートナーとの絆を深めようとしている時でもかまいません。結局のところ、恋が本当に戦場であるなら、気合いを入れて準備万端としておきたいものです。

特性たちよ……集まれ！

恋愛のためのマニフェステーション

外的（物質界）　何かを変える

もしあなたが自分の現実に不満を持っているなら、次のことを行うべきです。

A　何もしない
B　何かを変える

もちろん、答えは「B　**何かを変える**」です。正直なところ、「A　何もしない」は、かなりばかげているように見えます。しかし、私たちが人生を歩む中で、選択肢をきちんと並べられ、より良い答えを簡単に選べるような多肢選択法が常にあるわけではありません。そして、仮にあったとしても、それを実行に移すことはまったく別の話です。

私たちが問題に積極的に対処することはあまりありません。ほとんどの場合、問題が明らかになった後でも、私たちはその問題に対して何もしません。これは、自分のコンフォートゾーンから離れたくないからかもしれないし、別の角度からアプローチする方法を知らないからかもしれません。いずれにせよ、ふと気づけば自分の置かれた状況に触発されず、満足せず、深く失望していることも多いのです。

これは、恋愛関係でもよくあることです。良い出会いがない、パートナーとケンカばかりしている、倦怠期が続いているなど、あなたは自分が望むものを手にしていません。それでも、あなたは同じことを続けているのです。次は状況が変わるかもしれないと期待しているのでしょうか？　さらに問題が増えることを恐れているのかもしれません。もしかしたら、この先のある時点であなたは喜びを捨て、望むようになることはないだろうと受け入れているかもしれません。

喪失は今、ここで終わります。あなたは自己実現の途上にあるのです。つまり、あなたにはあなたの最高の目的を祝う、思慮深く積極的な選択を行う力が与えられていることを意味します。そして、恋愛に関して言えば、あなたがその関係に何か不満がある場合……それは、何かをする時が来たということです！

この外的マニフェステーション（つまり、物質界で積極的に実行されること）は、**「何かを変える」**と呼ばれ、それは文字通りのものです。もしあなたが6週間後に姿を消してしまう人と付き合い続けているなら、何かを変えるべき時です。または、元恋人に未練があり5か月も誰とも付き合っていないのなら、何かを変える時です。パートナーとのより深いレベルの感情的なつながりに到達したいなら、何かを変える時が来たのです。

あなた個人の現状に挑戦し、行動を起こすことを選択すると、どんな状況にも新しい命を吹き込むスペースを創り出すことができます。これは文字通り、あなたの運命を活性化させるので、素晴らしく生産的なマニフェステーションです。あなたの現実はあなたの意識の構築物です。つまり、あなたは外部の障害に翻弄《ほんろう》されることはありません。相手の出方を見る必要はありません。幸せはあなたの手の届くところにあるのだから、自分の真実を反映した恋愛を構築することができるのです。

ただし、繰り返しになりますが、「言うは易く、行うは難し」でしょう。結局、自分の思考の範囲は自分のものの見方に限定されているのです。あなたは何も考えていないかもしれません。でも問題ありません。あなたが何かを変えられる方法を50のリストにまとめました。あなたの状況にぴったりな変更が見つかるかもしれませんし、あるいは独自の状況に適用するために、若干の調整が必要かもしれません。最終的に、このリストは動的瞑想として機能し、自己実現に関して言えば、わずかな変化でも大きな変化を引き起こす可能性があることを思い出させてくれるものです。

ですから、あなたの恋愛生活の中で何かを改善する必要がある時はいつでも必ず、このエクササイズを行ってください。結局のところ、起こりうる最悪の事態は、物事が変わらないということです。さあ、何かを変えていきましょう！

1 恋愛関係に発展しないので、出会い系アプリでプロフィールを作りましょう。
2 恋愛関係に発展しないので、出会い系アプリのプロフィールを無効にしましょう。
3 恋愛関係に発展しないので、友達に相談しましょう。
4 恋愛関係に発展しないので、自分が何を求めているかを見直してみましょう。
5 恋愛関係に発展しないので、元恋人にメールするのをやめましょう。
6 あなたの恋愛はすぐに終わってしまうので、急いで交際を始めないようにしましょう。

7 あなたの恋愛はすぐに終わってしまうので、大切な人が何を求めているかを聞いてみましょう。
8 あなたの恋愛はすぐに終わってしまうので、あなたの真実でリードしてください。
9 あなたの恋愛はすぐに終わってしまうので、自分の感情は自分で守ってください。
10 あなたの恋愛はすぐに終わってしまうので、適切な人とつながってください。
11 あなたは不安を感じているので、大切な人に相談してください。
12 あなたは不安を感じているので、自分で不安を解消してください。
13 あなたは不安を感じているので、パートナーに自分の行動を調整するように頼んでください。
14 あなたは不安を感じているので、自分の直感を信じましょう。
15 あなたは不安を感じているので、自暴自棄にならないようにしてください。
16 パートナーに責任を持って関わってほしいなら、パートナーに責任を持って関わってください。
17 パートナーに責任を持って関わってほしいなら、頻繁にメールしないでください。
18 パートナーに責任を持って関わってほしいなら、素直になってください。
19 パートナーに責任を持って関わってほしいなら、楽しんでください。
20 パートナーに責任を持って関わってほしいなら、真剣に受け止めてほしいと要求してください。
21 セックスがうまくいかないなら、セックスをやめてください。
22 セックスがうまくいかないなら、もっとセックスをしてください。

23 セックスがうまくいかないなら、セックスについて話してください。

24 セックスがうまくいかないなら、セックスについて話すのはやめましょう。

25 セックスがうまくいかないなら、専門家のアドバイスを求めてください。

26 相手の浮気が心配なら、相手と向き合ってください。

27 相手の浮気が心配なら、もっと距離を置いてください。

28 相手の浮気が心配なら、もっと距離を詰めてください。

29 相手の浮気が心配なら、期待値を明確にしてください。

30 相手の浮気が心配なら、関係を終わらせてください。

31 仲が悪いなら、緊張感を解消してください。

32 仲が悪いなら、結論を急いではいけません。

33 仲が悪いなら、一緒にいる時間を増やしてください。

34 仲が悪いなら、もっと離れて過ごしてください。

35 仲が悪いなら、問題を手放してください。

36 あなたは別れたいのだから、別れましょう。

37 あなたは別れたいのだから、問題について話し合ってください。

38 あなたは別れたいのだから、離れて過ごしてください。

39 あなたは別れたいのだから、一緒に時間を過ごしてください。

40 あなたは別れたいのだから、専門家にアドバイスを求めてください。

41 あなたは退屈しているので、一緒に休暇を取ってください。

42 あなたは退屈しているので、別々に休暇を取ってください。

43 あなたは退屈しているので、もっとセックスしてください。

44 あなたは退屈しているので、セックスの回数を減らしてください。

45 あなたは退屈しているので、植物を育ててください。

46 関係を長続きさせたいのなら、約束をしてください。

47 関係を長続きさせたいのなら、主体性を見つけてください。

48 関係を長続きさせたいのなら、残酷なほど正直になりましょう。

49 関係を長続きさせたいのなら、もっと話を聞いてください。

50 関係を長続きさせたいのなら、どこにも行かないでください。

成功は
アストラル界で
なされる。
@alizakelly

第6章
人生の目的に向かう

「私は正しい道を進んでいますか？」

「仕事を辞めるべきですか？」

「目標を達成できるでしょうか？」

「成功するためには何が必要でしょうか？」

キャリアは人生の目的ではない

この章に入る前に、非常に重要な真実を明らかにしておきましょう。キャリアは目的と同義ではありません。あなたのキャリアは、職業上の一貫した線であり、一方、あなたの目的は職業を超越したものです。キャリアと目的が重なる人もいることでしょう。私たちは大人になってからの人生の大部分を仕事に費やしているのですから、仕事が個人の目的に合致しているかどうかにかかわらず、楽しいキャリアを築くことは有意義です。実際、私がクライアントとの個人セッションでよく聞かれる質問の一つがキャリアに関連するものです。

趣味をフルタイムの仕事に変えたい、今の仕事にもっと価値を見出したい、星に導かれたいなど、何であれ占星術の観点から自分のキャリアを探求してみると、かなり貴重な視点が得られるでしょう。

まず、日記や心の目で、次の質問に答えてみてください。

◇最後に自分のキャリアを確認したのはいつですか？
◇仕事への情熱は、時間の経過とともにどのように変化してきましたか？
◇仕事への情熱は、どのような点で変わっていませんか？
◇最後に成功したと感じたのはいつですか？

◇最後に失敗したと感じたのはいつですか？
◇自分のキャリアに整合性を持たせるために役立つものは何でしょう？

可能性を阻むもの、成功へと導くもの

占星術師の中には、セッションの何時間も前、場合によっては何日も前にバースチャートを準備する人がいます。彼らはクライアントとつながる前に、惑星、ハウス、アスペクトを綿密に分析し、重要な日付と包括的なテーマを特定します。そしてバースチャートのリーディングが始まると、占星術師はセッションを宇宙の方向に導いて明確化するための質問をいくつも投げかけることがあります。

これは素晴らしいアプローチです。でも、私のやり方ではありません。まあ、でも完全にそうとも言えません。私も駆け出しの頃は、クライアントと話す前にかなりの時間をかけてバースチャートを解析していましたから。60分間のセッションを洞察と観察に満ちたものにしたかったのです。私は一瞬の沈黙さえ恐れていました。考えられ得るかぎり最もダイナミックで、神秘的で、示唆に富んだ経験を提供しようと意気込んでいたからです。

しかし、実践を重ねるにつれて、占星術の解釈を「使い尽くす」ことが問題ではないことが明らかになってきました。それどころか1時間のセッションが2時間、3時間、4時間とどんどん長引いていくのです。これでは私生活に影響が出るのは当然で、占星術のセッションを引

き受けると、終わりがいつになるか読めなかったので、友人や家族との予定が立たなくなったのです。

もし、私の発言で感情的になったら？　もっと深く知りたいと言われたらどうしよう？　もっと質問されたらどうしよう？

経験を通じて、時間に区切りをつけることが単に私の毎日のスケジューリングの機能を持つだけでなく、実際にクライアントの経験も向上させることを学びました。占星術と同じように、一つのバースチャートは無限ですが、バースチャートのセッションが無限である必要はないのです。自分がかき集めた見解をいちいち共有するより、クライアントの求める具体的なトピックを丁寧に読み解いていく必要があることに気づき始めたのでした。人が占星術師とのセッションに興味を持つのには必ず理由があります。時間は、彼らが探求したがっているトピックや課題を引き出していくことに使うものなのです。

しかし、ビアンカのバースチャートが画面に表示された時、私はビアンカが何を話したいかわかる気がしました。１９８９年1月29日午後2時42分、フロリダ州フォートローダデールで生まれたビアンカは29歳。つまり、彼女は最初の土星回帰（サターンリターン）のまっただ中にいました。土星回帰は、あなたの未来と過去を区別する重要な占星術のマイルストーンです。**土星回帰の間に私たちは成長し、アイデンティティを確立し、自分の居場所を確立します。**そして多くの場合、土星回帰の手前の数年間は、人生を変えるような前例のない出来事が立て続

チャート 7

ビアンカ

1989 年 1 月 29 日
午後 2 時 42 分 EST

アセンダント　双子座
月　蠍座
太陽　水瓶座

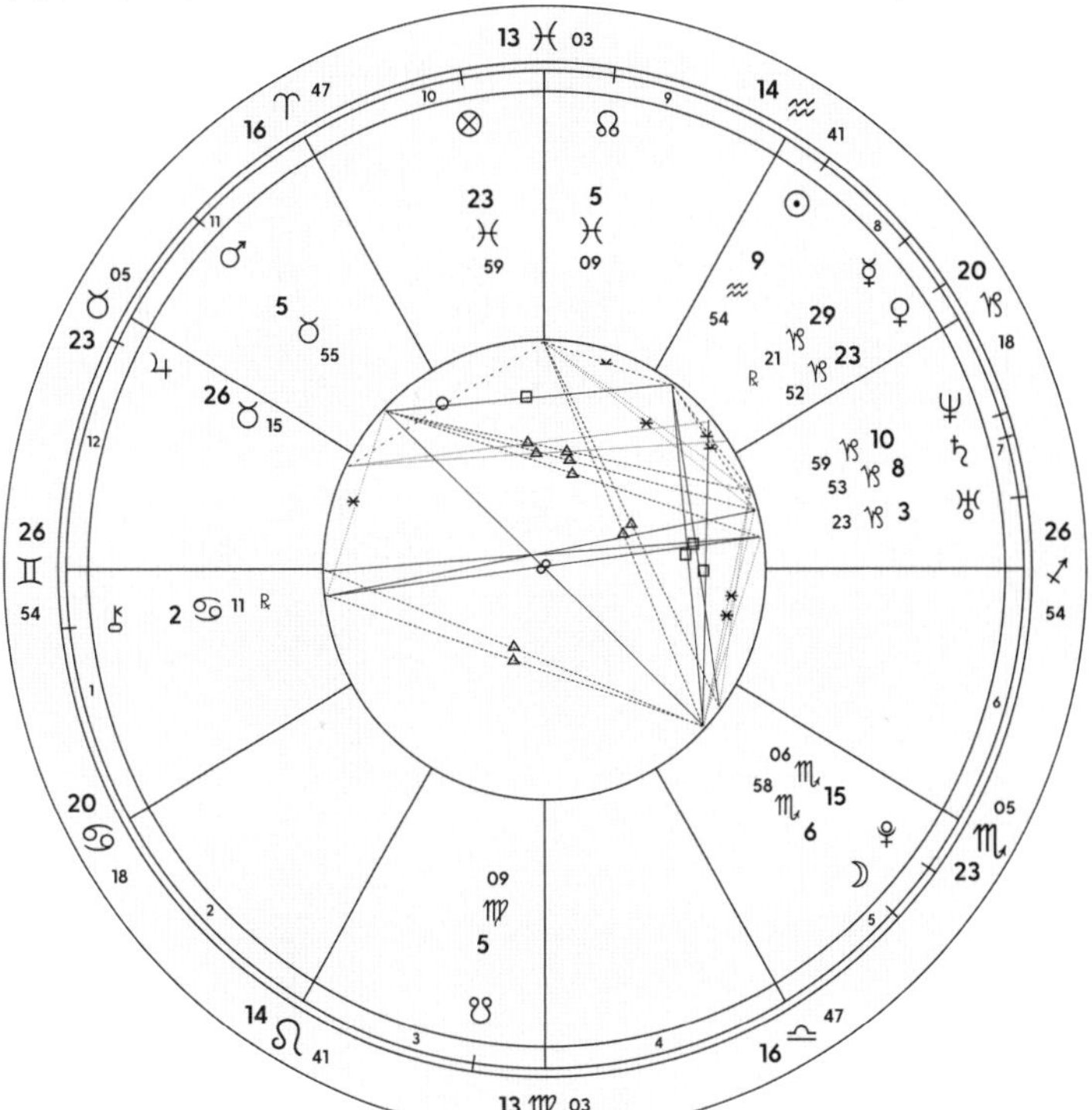

フロリダ州フォートローダデール
26N07, 80W09

TLT 14:21
ST 22:57:31
プラシーダス

☉太陽　☽月　☿水星　♀金星　♂火星　♃木星　♄土星　♅天王星　♆海王星　♇冥王星
♈牡羊座　♉牡牛座　♊双子座　♋蟹座　♌獅子座　♍乙女座　♎天秤座　♏蠍座
♐射手座　♑山羊座　♒水瓶座　♓魚座　⊗パート・オブ・フォーチュン　⚷カイロン
☊ドラゴンヘッド　☋ドラゴンテイル　℞逆行

けに起こります。

土星回帰の見え方は人それぞれ異なりますが、常に並外れた変容と重なることがわかっています。

私が電話でのセッションでビアンカに会った時、土星がすでに本格的に進行していることは明らかでした。セッションの冒頭でビアンカは、数年間、ヘルスケア・テクノロジー企業でどのように働いていたかを話してくれました。彼女は会社も同僚も、上司さえも愛していました。しかしある日、彼女は目を覚まし、もうこの仕事はやりたくないと思いました。そこで彼女は2週間前に退職届を出し、会社を辞めました。

「思ってもいませんでした」と彼女は説明しました。「でも、自分の中で何かが変わったような気がして、その時すぐに辞めなければ一生抜け出せない、というような切迫感があったんです。そして今、私は間違っていたのではないかと、とても怖くなったんです」

それは確かに大胆な行動のように聞こえましたが、私は彼女に「よくわかります」と言いました。また、今が彼女の人生で自分自身に挑戦し、コンフォートゾーンの外に出るための、まさに最良の時期であることも伝えました。

土星回帰は、自己発見の重要なタイミングです。土星が来る時ほど現状打破に適したタイミングはありません。土星回帰とは、土星の軌道を指します。土星は約29年ごとに軌道を一周し、あなたが生まれた時の位置に〝回帰〟します（31ページ〔表2〕参照）。実際には、生涯で3回土星回帰を経験する可能性があります。1回目は20代後半、2回目は50代後半、3回目は80代後半です。

言うまでもなく、土星にはちょっとした悪評があります。歴史的に土星は死や不幸、さらには悪魔そのものと関連付けられてきました。土星の神話の多くは、ギリシャのクロノスの物語に由来するものです。ウラヌス（天王星）とガイアは何人もの子供、例えばタイタン（ティターン）をもうけましたが、そのうちの一人がクロノス、つまりサターン（土星）でした。

ウラヌスは、自分の子供たちが自分を倒そうとするのではないかという猜疑心《さいぎ》を強め、子供たちを一人ずつ地底に投げ込みました。ガイアはウラヌスの敵意を快く思っておらず、息子のクロノスに大きな鎌を贈り、ウラヌスを攻撃させ、彼の妄想的な行動を止めました（死神が土星と大鎌をモチーフにしているのをご存じですか？）。

この大鎌で、クロノスは自分の父親を去勢しました。ウラヌスの睾丸は海に落ち（最終的には金星になります）、ウラヌスは天の深淵に追放されます。

しかし、トラウマは受け継がれるもので、クロノスが父親になると、同じことが繰り返されました。ウラヌス追放の後、クロノスは神々の王という称号を引き継ぎ、オプスとの間に子供を何人かもうけましたが、父親と同じく次第に不安になって専制的な態度をとるようになりました。

王座を保持するために、彼は幼い子供たちを飲み込み始めました。ガイアがクロノスのクーデターを助けたように、オプスは息子のゼウス（英語名：ジュピター、木星）を洞窟に隠し、子供の代わりにクロノスに岩石を詰めた袋を与えて何とか救うことができました。やがてゼウスはクロノスを倒すほど強くなり、のみ込まれた兄弟たち（ネプチューン、プルート、ジュノ、セレス、ベスタ）を吐き出させました。

クロノスはその後イタリアに追放され、ラティウム（のちのローマ帝国の首都）に居を構えます。彼の支配下で、この大都市は農業の中心地として繁栄しました。伝説によると、享楽的なラティウムの人々は、クロノスの厳格で冷静な施政で落ち着き、やがて秩序ある生活を送るようになったそうです。真のサクセスストーリーです。

土星の話は占星術にも登場します。このリング状のガスに囲まれた巨人は、伝統、知恵、成熟、そして人生で最も困難な課題を表しています。「7年目の浮気」という言葉を聞いたことがあるでしょうか？　占星術の観点からは、それは土星のサイクルの一部です。土星の軌道の4分の1にあたる7年ごとに、土星のスクエアは激変を引き起こします。そのため、あなたが結婚を解消しようと、仕事を辞めようと、人生の目的を見直そうと、土星はあなたが成長する7年ごとに、完全かつ完璧な責任を負うことを要求しているのです。

土星の周期は、20代後半に初めて訪れる土星回帰で完結します。この時期、私たちは世界における自分の居場所を見つめ直すように動かされ、自分の目的を外的な影響（親、教師、仲間、社会など）から切り離す必要に迫られることがあります。土星回帰の反対側で、私たちはいわば自分自身の「父親」として再び登場するのです。

私たちは自分自身のリーダーとなり、自分自身のルールを作ります。他の人が自分のことをどう思うかなど、あまり気にしません。同様に、仕事上の軌跡も土星の軌道と一致することが多いのです。

しかし、キャリアは土星だけに起因するものではありません。キャリアを示すために使用される別の占星術のデバイスは、ミッドヘブン（またはミディアム・コエリ。「MC」と表記されることが多い）と呼ばれるバースチャート上のポイントです。**バースチャートを見ると、ミッドヘブンは輪のいちばん上（12時の位置）に現れ、あなたの職業上の成果の「ピーク」を示しています。**

占星術師はバースチャートを時計のように読み解きます。私たちは9時の位置にあるアセンダントからチャートに入り、反時計回りに輪を移動します。この観点から、ミッドヘブンポイントに到達する前に、バースチャートの75%を移動する必要があります。**言い換えれば、山を駆け上がるのに十分な人生経験（そして正直なところ、勢い）を蓄積するまで、私たちは最高のプロフェッショナルとしての可能性に達することはできないのです。**これは、キャリアを磨くには何年もかかるということを教えてくれているのです。

社会は若者文化をもてはやしますが、これは私たちの宇宙的なタイミングを反映したものではありません。プロフェッショナルな業績達成は生涯かけてのプロセスなのです。

もう一つ、キャリアについて示唆する占星術の知恵があります。山羊の体と魚の尾を持つ神話上の生き物、海ヤギは10番目のサインである山羊座を象徴しています。山羊座の二股に分かれた角は、このサインが軽々と山を登ったり（物質界での成功を表す）、未知の地底の風景を通り抜けたり（アストラル界での成功を表す）するのにも通じていることを表しています。どこかで聞いたことがありませんか？　もちろん、偶然ではありません。山羊座のマニフェステーションに対する二重のアプローチ（内的および外的）は、この本で概説されている自己実現の実践と、宇宙における自己実現の実践を反映しているのです。

どの人のバースチャートにも全サインが埋め込まれているため、山羊座のエネルギーはあなたの中にも宿っています。山羊座に惑星があるかどうかに関係なく、あなたはいつでもこのパワフルでプロフェッショナルなエネルギーを利用することができます。確かに、トランジットする惑星（リアルタイムで移動する惑星）が、山羊座の感性をいつ、どのように発揮するかに影響を与えますが、最終的にはあなたの意志で自由にサイクルを開始したり終了したりできます。行動したいというあなたの欲求を決して無視しないでください。

あなたのキャリアと財政面は別物であることを忘れないようにしましょう（お金の問題の復習は第3章へ）。キャリアとお金には密接なつながりがあり、多くの人がこの2つで同時に障害を経験することになります。ただし、キャリアとお金に関する障害は、それぞれ特徴があるので、別々に「処理する」ことが重要です。

このことは、私とデレクが個人セッションをした時にもよくわかりました。セッションを始めた時、彼は「キャリアの問題」を抱えていると言いました。会話の中で、デレクが恐怖に基づいた経済的なフィードバック・ループに陥っていることが明らかになりました。彼は常に追い詰められているように感じており、請求書の支払いをするために雑用のような仕事を引き受け続けていました。しかし、週に50時間、60時間働いても、デレクは経済的な苦境から抜け出せずにいたようです。

「デレク、経済的に豊かになったら、成功できると思わない？」

彼の反応は熱のこもった「イエス！」でした。私はこの問題をキャリアの問題ではなく、お金の問題だと考え、第3章で紹介したマニフェステーション（内的・外的の両方）をすすめました。**お金の問題は「お金が足りない」ことですが、職業上の問題は「自分が足りない」ということです。**キャリアの閉塞感は外部環境によるものではなく、むしろ個人の成功には限界があるという根深い思い込みから生じているのです。このような考え方を持つようになる理由は無限にあり（非協力的な親、社会的な影響、子供時代の失望など……）、もちろん、個々人の経験が、その人だけの旅路に深い洞察を与えてくれます。

しかし、このフィードバック・ループのきっかけが何であろうと、私たちは常に自分の心理を現実化しているため、このサイクルを断ち切ることを積極的に選択しないかぎり、この物語を強化し続けることになるのです。

経済的な不安を取り除けば、キャリアの不足を認識するのがずっと容易になります。私の長年のクライアントであるナオミは、非常に裕福な家の出身です。彼女はビバリーヒルズで育ち、両親や祖父母が設定したさまざまな信託財産を通じて、年を重ねるごとにますます多くの財を受け取れるようになりました。

しかし、ナオミは経済的に非常に恵まれているという事実にもかかわらず、キャリアの不足に苦しみ続けていました。シンガーソングライターとしての成功を望んでいますが、常に自己不信に邪魔されているのです。ナオミは、家族が裕福なせいで、誰も自分を真剣に受け止めてくれないのではないかと恐れています。「本当のロックスターは苦労する必要があるんです」と彼女は口にしたことがあります。

私は「ザ・ストロークスやカーリー・サイモンはどうなの？　ナンシー・シナトラは？　特権階級出身で尊敬されているアーティストはたくさんいるでしょ？」と反論しました。

「わからない……」と彼女は続けました。「なぜ私が特別だと思わなければならないの？」

「問題は、あなたが自分を特別だと思っていないことです」

ナオミは経済的な豊かさを受け継いだものの、仕事上の不安から精神的にひどく追い詰められていました。彼女がアストラル界に引いた成功の境界線が、曲をリリースしたり、ライブで演奏したりすることさえ妨げているのです。確かにナオミには自分のキャリアに投資する財力があるかもしれませんが、根深い欠乏感が彼女の潜在能力を最大限に発揮することを妨げているのです。

ここで懐疑的な読者は、私たちが欠乏感と現実的な期待とを結びつけて考えているのではないかと思うかもしれません。結局のところ、すべてのアーティストが自分の専門的技能で成功できるわけではないのですから。夢を追うことが妄想を追うことになるのはいつからなのでしょうか?

そう、それは素晴らしい指摘です。プロフェッショナルな進歩を遂げるためには、外的なチャンスが必要です。誰もがそれぞれの道のりで漂流しているため、私たちが望むほど物事が早く進むとはかぎりません。私たちの日々の現実には無数の障害があり、私たちの可能性を阻むものがたくさんあります。しかし、だからこそ、アストラル界では自由に流れ、邪魔されないことが絶対に必要なのです。

物質界には数えきれないほどの障害がありますが、ハードルを回避し、不可能を可能にすることに成功した人もいます。**成功には不屈の精神が必要です。**簡単に言えば、夢を実現するには、自分自身に可能性を信じさせなければならないのです。

さらに、キャリアの意義は、あなた独自の置かれた状況によって異なります。例えば、両親が職業上の評判にこだわっている場合、プレッシャーのかかる道を歩みたくないと思うかもしれません。あなたは、情熱を傾けられるプロジェクトを探したり、コミュニティに恩返しをしたりするための時間とゆとりを提供してくれるような職業を探したいと思うでしょう。あるいは、富や名声を心から望む人もいるでしょう。それは悪いことではありません！　でも、あなたが自己実現するためには、自分の使命に責任を持って参加する必要があります。最高の人生を送るために近道はないのです。

用語を明確にするために、「仕事」と「キャリア」を区別することが重要です。仕事は私たちの日常生活に直結しています。仕事は私たちが時間をどのようにお金と交換しているかを明らかにするものであり、私たちの生活において大きな役割を担っているものです。キャリアは仕事を通じて実現されるものですが、仕事はあなたのキャリアではありません。仕事には、「大きな目的」は必要なく、ただお金をもらえればいいということもあります。キャリアとはまったく別のものなのです。

私はよく若いクライアントに、20代のうちは落ち着かなくて不安を感じるのは良いことだと言います。占星術によると、プロフェッショナルとしての自覚を持つのは、最初の土星回帰を迎えてからです。土星は「タフな愛」で影響力を与えます。つまり、この厳格な教師は、あなたの成功に対する先入観に何らかの形で挑戦することが保証されているのですから、20代で探求したプロフェッショナルな道は、30代前半までに大きく見直されることになるでしょう。

ビアンカの場合も確かにそうでした。彼女は、何がきっかけで会社を辞めることになったのか、まだはっきりとわかりませんでしたが、自分のルーティンを破る必要があることはわかっていました。私がビアンカの話を高く評価しているのは、彼女が予備の計画を持っていなかったからです。彼女は別の仕事のオファーを待っていませんでしたし、情熱的なプロジェクトの決定を遅らせることはありませんでした。別の業界を開拓したいわけでもなかったのです。実際、**大きなリスクはリスクそのものだったのです。**

私たちは、すぐに満たされる世界に住んでいます。映画を今見たい、明日には荷物が欲しい、そして一夜にして成功したい……。自動化された現代社会には多くの利点がありますが、すべてがすぐに手に入るわけではありませんし、そうあるべきでもありません。

キャリアを築くには時間がかかるものであり、プロフェッショナルとしての頂点は、成功や失敗を含むすべての経験を積み重ねたものなのです。実際、プロフェッショナルとして実力を発揮するまでの道のりは、直線的ではありません。場合によっては、新しい道を見つけるまで、横に移動することも必要でしょう。時には後退しているようにさえ見えるかもしれません。現時点ではイライラするかもしれませんが、「全体は部分の総和に勝る」ということを忘れてはいけません。たとえ頂上が見えなくても、あなたは今、何かを成し遂げようとしていること、つまりあなたの時間と展望によってのみ明らかになるものを大きく育てている最中なのだと信じてください。

ただし、マクロの世界でプロフェッショナルとしての実績があるからといって、ミクロの世界で微調整してはいけないというわけではありません。おそらくあなたは、どのようなキャリアを歩むべきかまだわからないのでしょう。それとも、自分が進むべき道が正しいものか確認したいのでしょうか？　もしあなたがすでに完璧な上昇気流に乗っているのなら、どうすれば日々の生活を次のレベルに引き上げられるか、疑問に思うかもしれません。

あなたの運命はあなたのキャリアではありませんが、あなたのキャリアはあなたの運命の一部です。つまり、あなたは自分の旅を自ら導いているのですから、プロフェッショナルとしての将来を一歩一歩、積極的に切り開くことができます。また、次の2つのマニフェステーション（1つは内部のアストラル界での、もう1つは外部の物質界でのもの）は、あなたが目標を達成するのを助けるだけでなく、並外れた成果を上げることも可能にします。非凡な人生を送るには、境界を越えた夢を持たなければならないことを忘れないでください。「限界は存在しない！」ということです。

復習

◇キャリアは目的でも仕事でもない。キャリアとは、生涯にわたって培われた専門的な追求の集合体。
◇勇気は、成功に不可欠な要素。
◇大きな夢を見ることを自分に許すこと。
◇土星、ミッドヘブン、山羊座のサインは、プロフェッショナルな追求について有意義な洞察を与えてくれる。

キャリアのためのマニフェステーション

内的（アストラル界）生きるための言葉

成功は手ごわいものかもしれません！　まず、適切な機会を見つける必要がありますが、そんな機会はほとんどありません。それなのにライバルがたくさんいるのです！　どうすれば、その中で自分を際立たせられるでしょう？　どの業界であれ、あなたに欠けているスキルに秀でた人材は無数にいるはずです。すると、その中であなたが「成功する」可能性は100万分の1ではないでしょうか？

そう、プロフェッショナルとして自分の最高の能力を発揮するのがどれほど難しいか、私が十分にそして完全に理解していることを知れば、自信喪失しているあなたにも喜ばしいでしょう。信じてください、私は実際に能力を発揮しています。私は占星術師です。

でも、可能性の確率を認めたからには、それについてもう二度と考える必要はありません。なぜなら、意味がないからです。確かに、物事がうまくいかない理由は無限にありますが、良くも悪くも、それらの変数はあなたがコントロールできるものではないからです。

これからは、疑いに引きずられそうになったらいつでも、迷いをバネにして前に進みましょう。あなたの成功を阻むすべての外的要因は、あなたの責任ではありません。なぜなら、**キャリアは目に見えないアストラル界で構築される**ため、むしろすべてのサクセスストーリーは不可能と見なされる可能性があるのです。同様に、職業上の目標に関しても、避けられない障害に打ち勝つために、あなたの内なる現実は自信にあふれ、楽観的で、恥知らずである必要があります。

プロフェッショナルとしての豊かさをはぐくむには、あなたの視界は心の目を超えて広がっていなければなりません。これは無限の、前代未聞のチャンスが待っていることの象徴です。あなたの疑念をアストラル界に招き入れ、溶かしてください。もはや疑念は必要ありません。ここから先は、あなたの潜在意識があなたの成功にゴーサインを出します。

さて、これですべての設定が完了したので、次は自分の職業上の目的に沿って、**生きるための言葉**を見つける番です。214〜215ページのリストの中から、あなたのキャリアに活かしたい言葉を選んでください。現在の仕事や就職の見込みについては気にしないでください。特定の職業を想定したものではなく、あなたの幅広い願望を明らかにするものを選択しましょう。あなたの正直な評価が最も重要です。

このエクササイズはあなた自身を向上させるためのものなので、不正確な選択で誤った答えを導き出さないようにしましょう。あなたの真実は、才能発揮への最速ルートです。

このエクササイズを終えたら、選んだ言葉を反すうしてください。

今日のあなたの職業上の現実には、どの言葉が反映されていますか？　反映されていない言葉はどれですか？

それらの言葉は調和していますか？　それとも矛盾していますか？

あなたは今、これらの言葉を体現していますか？　それとも、これらの言葉の存在に抵抗していますか？

次に、これらの言葉を自分の精神に浸透させ続ける方法を考えてみましょう。

付箋に書いて、自宅やオフィスのよく目にする場所（鏡のフチやPCモニターの周りなど）に貼り付けたり、一日を通してアラームとして「設定」したり、フレーズを作って意識に刷り込んだりするといいでしょう（例えば、「私はボスです」というフレーズは、知的、冒険的、スリリング、大胆といった言葉の素晴らしい記憶術となるでしょう）。

このように、自分の言葉を見つけることができれば、どんな職に就いても自分の希望に合った仕事をすることができるようになります。忘れてはならないのは、あなたは自分のイメージ通りのキャリアを築いているということです……その逆ではありません！

パートナーシップ	前進
リラックス	政治的
インスパイアされた	社会的
人道主義	柔らかい
勇気のある	協力的
教養のある	忙しい
奇妙	先駆者
斬新	前例のない
信頼できる	気まぐれ
外交	速い
のんき	フレキシブル
効率的	情熱的
エネルギッシュ	戦略的
起業家精神	競争力
倫理的	技術的
簡易	共同作業
リラクゼーション	
選択	
認識	
受け入れ	

品質	エキサイティング	責任を持って関わる
リーダーシップ	思慮深い	動的
評判	パワフル	想像力豊か
企業	実用的	芸術的
構造化された	創造的	野心的
富	活動的	分析的
有名人	ポジティブ	本物
ステータス	一貫性のある	バランスの取れた
アクセス	思いやりのある	勇敢
寛大さ	信じられない	野性
慈善活動	独立	安全
機能的	正確	安心
象徴的	公平	ガイダンス
際立った	陽気	教えること
多産	助けになる	学ぶ
知的	勤勉	過酷
スリリング	癒し	スポットライト
大胆	本音	注意
冒険的	積極的	プライバシー
独創的	気配り	親密

外的（物質界）一歩ずつ

さて、これでキャリア上の障害について語ることはなくなりましたから、物質界にも私たちのマニフェステーションを取り入れ始めることができます。内的と外的の両方の次元で作業することによって、あなたの自己実現の過程を通じて包括的なサポートを提供するフィードバック・ループを作成します。この2つのテクニックを実践すればするほど、この結びつきはより強力になります。最終的に、この2つとも実践することで、障害物を決して通さないシステムを構築できるようになるのです。

そこであなたは何を待っているのでしょうか？　必要なのは、**一度に一歩を踏み出す**ことだけです。このテクニックは非常にシンプルです（しかし驚くほど効果的です）。物質界であなたのキャリアを実現するために、毎日一つずつ、積極的に行動してください。

そう、たったこれだけです。一つの簡単なことです。ただし、物質界の中で行動する必要があるので、内的なものではなく、外的なものでなければなりません。例えばTo Doリストを書いたり、5か年計画を練ったり、将来のオフィスについて想像したりすることはカウントされません。これらはどれもあなたの成功を確実に押し上げてくれる素晴らしいことなのですが、外的な行動ではありません。

一方、面識のない相手にメールを送ったり、新しい顔写真を手配したり、人脈作りのイベントに参加したりすることはすべて、このエクササイズのための素晴らしい選択です。これらは積極的な行動である必要があります。

このエクササイズは理論ではなく、外的な領域なしには存在しえないものです。同様に、このエクササイズはあなたの意図を現実と結びつけ、あなたのキャリアにおいて積極的な役割を果たすことを可能にします。長期的な成功のためには間違いなく、外部の情報源（顧客、上司、クライアント、フォロワーなど）が間違いなく必要なので、自分自身の日々の実践で鍛えていくことで、人生のこの側面においてさらに主体性を持てるようになります。

もう一つ注目すべきことは、このエクササイズは非常に迅速に機能するということです。実際、このエクササイズを始めると、自分のキャリアが予想以上に速く進んでいることに気づくかもしれません。私は個人で占星術を行っていた時に、このテクニックを用いましたが、6週間で私のスケジュールは完全に定員オーバーになりました。

同様に、たとえ非常に野心的な気分であっても、私なら一日の制限を超えないようにします。信じられないかもしれませんが、良いことが多すぎて、準備が整う前に豊かさを生み出しすぎてしまうと、追い詰められてしまう（または燃え尽きてしまう）ことになるかもしれません。これは、第3章で説明したようにサーモスタットの温度を上げないうちに経済的な超過に足を踏み入れてしまうのと同じようなものです。つまり、必要以上の仕事をすることになる可能性があるのです。

もっと緩やかに進むのがお好みなら、あるいはカレンダーがすでに埋まっているなら、毎日ではなく、週に2~3回このエクササイズを実践することで、マニフェステーションの効果を減らすことができます。つまり、これは仕事を競うだけの話ではなく、物質界への新しいつながりを強化することなのです。この領域との関係が強ければ強いほど、本当の意味で最高の自分に合ったキャリアを築ける可能性が高くなります。

さあ、行きましょう!

より深く潜れば潜るほど
あなたはより高く
上ることができる。

@alizakelly

第7章

試練を乗り越える

「トラウマを癒すにはどうすればいいですか？」

「なぜこのようなサイクルが続くのでしょうか？」

「いつになったら状況は好転しますか？」

「どうして生きづらいのでしょうか？」

この章では、人生最大の試練に好奇心と思いやりを持って立ち向かう方法、そして、深い痛みを強力な癒し薬に変える方法について学びます。これらのトピックを包括的に掘り下げていくことになりますが、多くの読者にとって、これは簡単なことではないということをあらかじめお断りしておきます。死、うつ、薬物、依存症、不倫など、動揺をもたらすテーマに取り組みます。その前に、呼吸を整える、支えになる枕を準備する、水を数杯飲むなどして自分自身を落ち着かせるために少し時間をとってください。このような難しい話題は(個人的にも社会的にも)、隠されてしまいがちですが、隠すのは逆効果だとすぐにわかるでしょう。

自己実現には粘り強さが必要です。この章全体を通して、時間は直線的ではないことを信じてください。アストラル界では、良いことも悪いこともすべて、これから起こることはすでに起こっているのです。つまり、あなたには最も困難な状況さえも克服する勇気と不屈の精神がすでに備わっているということです。あなたの勇気は驚くべきものです。

痛みに光を

占星術の最も素晴らしい点の一つは、困難に対処するための豊かな言語を提供してくれることです。実際、私が宇宙に魅了されたのは、まさにこの性質によるものだと思います。どんな苦難の中にあっても、私たちは一人ではないのだと認識できることで、大局的な視点で慰めを得ることができます。

魔法は、戸口、窓辺、薄明かり、感情的な葛藤などのはざまに存在します。スーフィー（イスラム教の神秘主義者）の偉大な詩人、ルーミー（1207〜1273年）は、「傷は、光があなたに入る場所である」と言いました。同じように、日記やあなたの心の目で次のような質問を考えながら、心の傷の裂け目から降り注ぐ暖かい日差しを探ってみてください。

◇最後に自分の感情の風景を確認したのはいつですか？
◇私の課題は時間の経過とともにどのように変化してきましたか？
◇私の課題はどのような点で変わっていませんか？
◇最後に痛みに直面するのを避ける必要があると感じたのは、いつですか？
◇最後にその痛みに立ち向かえると感じたのは、いつですか？
◇つらい現実と向き合うのに役立ったものは何ですか？

逃げるのではなく受け入れる

私は以前、フェイスブックのアカウントでは死者の数が生者の数を上回っていると聞いたことがあります。最近では、誰かが亡くなると、そのソーシャルメディアアカウントのタイムラインが追悼の場となります。彼らの誕生日や命日に、そして私たちが亡くなった人と心からつながりたいという気持ちになった時に投稿するのです。これらのタイムラインは妙に心地良く、不思議なタイムカプセルであり、現代の追悼の定番となっています。

２００４年9月、高校2年生になったばかりの私は、デジタル墓地のことなどまったく知りませんでした。なのでランドンが亡くなった後も、彼のアカウントがまだインスタントメッセンジャーＡＩＭにサインインしたままだったのがとても不思議でした。生前、彼は折りたたみ式携帯電話とＡＩＭを同期させようとしたのでしょう。でも、ランドンがヘロインを過剰摂取したという噂が広まった時でさえ、彼のアイコンはオンラインの表示のままでした。この原始的なモバイル・マトリックスには不具合があったに違いありません。

彼の訃報から2日後、私は彼のアイコンをダブルクリックしました。メッセージの履歴からわかったのは、私たちは1年以上連絡していないことでした。

小学校時代、ランドンは私の片思いの相手でした。5年生の時、私たちはまるで神の采配かのように同じテーブルにつき、私は1年間、彼の気を引く努力をしました。彼が好きなバンド、好きなアクティビティ（スケートボード）、そして彼が笑った時の目の輝きを心に留め、彼の話すことすべてに注意深く耳を傾けていたのです。

私たちは同じ中学校に入学し、ランドンはグループのリーダーとして、パンクで彼の分身のような友人たちをすぐに集めました。しかし、今度は彼に夢中になっているのは私だけではありませんでした。絶望的なことに、人気のある女子たちもランドンの魅力に気づき、次第にその魅力を口にするようになったのです。私は打ちのめされました。

何年もの間、私は自分の現実のすべてをランドンの好みに合わせてきました。彼の興味に合わせ、ランドンの価値観に合わないトレンドや流行には手を出さないようにしてきました。けれど、彼のファンクラブの新しいメンバーは、絹のようなストレートヘアで、ジューシークチュールのベロアのトラックスーツを着て、ブリトニー・スピアーズを聴き、自信に満ちた声で話していたのです。さらに悪いことに、その感情は互いに通じ合っていました。ランドンは尖った態度とは裏腹に、名門私立校の生徒との交際を好みました。私がアヴリル・ラヴィーンの「スケーター・ボーイ」という賛歌にどれだけ憤慨したか、言葉では表現できないほどです。「彼はパンクで彼女はバレエをやっていた」という歌詞は、私の人生を台無しにしたものそのものでした。

中学2年生になると、ランドンが私に興味がないことを受け入れ、ピーターという射手座の男の子に恋をしました。ピーターは2歳年上の高校生で、当時としてはかなりの年齢差です。

繊細な感受性を持つランドンとは異なり、ピーターは自信にあふれ、残酷なまでに率直という、射手座の元型の本質を捉えていました。

ピーターと私はＡＩＭで毎日何時間も主に音楽と映画について話し、数週間後、私は彼が好きだと告白しました。悲しいことに、ピーターはその気持ちを理解してくれませんでした。実際、彼はまるで親切心からのように、私が魅力的でないと思う理由を列挙し、私の顔や体の一つひとつを明確に分析していったのです。彼の観察は、私がすでに抱いていた不安と完全に一致しており、私が鏡の前で嘆いていたのとまったく同じ特徴、つまり鼻、髪、お腹、太もも、お尻に問題があることを指摘したのです。

明らかに、私は自分の外見を変えなければなりませんでした。そして、愛が欲しいのなら、自分の期待も調整しなければなりませんでした。セックスをすれば、彼の気持ちが変わるかもしれない？　おそらく物理的な接触の後なら、彼は私と感情的につながっていると感じられるかも？　違うタイプの関係を築けるかも？　試してみる価値はありました。

ピーターとの初体験は、取引のようでトラウマになるものでした。その夜遅く、ベッドに横たわった時、私は感じたことのない空虚さに出合いました。彼の存在がなければ、何も存在しませんでした。孤独は耐えがたいものでしたが、情熱、つまり求められているという本能的な肉欲は私を酔わせるものでした。私はもっと欲しくなりました。

ピーターとの初体験の直後、私は制服を網タイツとマイクロミニのスカートに変え、自称「ふしだらな女」という新しいアイデンティティを受け入れ、クラスメイトに自分の乱れた生活ぶりを自慢しました。私が性体験を積んだことで、男子たちは私に注目し始めました。

ある日、人づてにランドンが私にフェラチオをしてほしいと言っているらしいのを耳にしました。私は興奮を抑え切れませんでした。ランドンがなぜ自分に興味を持ったのかはどうでもよくて、ただ彼が興味を持ってくれたことに大喜びしたのです。想像していた通りではありませんでしたが、その時点で、私は現実の世界がおとぎ話ではないことを知るほどには鍛えられていました。残酷な世界で、大人になる時が来たのです。

ＡＩＭでランドンと私は計画を立てました。ランドンは、学校から1ブロック先の北70番地に、人目につかない小さな中庭があるのを知っていました。昼休みにそこで会う？　いや、周りに子供が多すぎます。やるなら先生やクラスメイトと鉢合わせしないよう、午前遅く、昼休みの直前にクラスを抜け出す必要があります。

「やめるなんて言わないよな？」とランドンが聞きました。私の胸はときめきました。

「もちろん」と私は答えました。「明日会いましょう」

次の日、すべてが計画通りに進みました。学校の裏階段を静かに駆け下り、4月の冷たい突風に逆らって非常口を押し開けました。ランドンはもう外にいました。私たちは足早に通りを渡り、ブロックを横切って学校の職員や詮索好きな横断歩道の警備員を避けながら歩きました。私たちは黙って動きました。何も言うことはありませんでした。

ランドンが先に中庭に入りました。彼は周りを見回し、中庭に誰もいないことを合図し、植え込みに囲まれた小さなベンチに腰を下ろしました。以前にもこんなことがあったのだろうか？　私は黙って、砂利の上にひざまずき――小さな石が肌に触れました。強風で髪がもつれました。ランドンは私の頭を抱えました。私たちはキスもしませんでした。

それ以来、私たちは友達ではなくなりました。実際、二度と口をきかなかったかもしれません。その出会いはぎこちなく、空虚で――私の幼い頃の最も重要なときめきを異様なまでにこじらせてしまったのです。私はうわべだけの関係すら壊した自分に失望し、私を利用した彼に腹を立てました。謝罪など期待していませんでしたが、彼が亡くなってから数日後、私は連絡をしてみることにしました。「そこにいる？」とチャットに入力しました。彼が返事をくれることを恐れていました。そして、彼がそうしないことも恐れていました。返事はありませんでした。しかし、彼のアカウントはアクティブなままでした。葬儀の間、彼はオンラインでした。実際、彼の大好きなハロウィンの日も、年が２００５年に変わった時も、彼はオンラインでした。彼は高校時代ずっとオンラインのままでした。

月日がたつにつれ、彼のデジタルな存在感は不気味ではなくなりました。実際には慰めになったのです。仮想の痕跡は、ある種の異質な意識を示唆していました。もしかしたら、彼はそれほど遠くにいるわけではないのかもしれません。ひょっとしたら、画面の向こう側で、彼はまだ静かに成長しているのかもしれません。

もう10年以上前の話です。2007年に大学に進学したのを機に、私はフェイスブックに乗り換えました。そのため確かなことは言えませんが、私の感覚では、古めかしいテクノロジーの墓場の中でランドンはまだオンラインでいるような気がします。そして、まだ返事をしなければならないような気がしています。

★

占星術は直感的なものであり、完全に感覚的な体験です。占星術は、午前5時の目覚まし時計、安いテキーラのダブルショット、ドレッサーの引き出しにぶつけた指のようなものです。占星術は限りなく現実的なものです。占星術はあなたが経験してきたことを映し出し、その経験を残酷なまでに実直に検証します。磨かれたり、やすりがけされたりしてきれいにされることは決してありません。あなたのどんな挑戦や苦難、秘密、後悔も、あなたの目の前のバースチャートに360度広がっています。

自分の痛みを認めることは、信じられないほど力が引き出される体験です。私たちはトラウマが悪化していないふりをして、悪感情から逃げることに多くの時間を費やしていますが、占星術は別のやり方に誘います。それは否定ではなく、再認識です。星の叡智を通して、私たちは挑戦を生きていく上での不可欠なものとして受け入れることができるのです。痛みは、あらゆる個人と集団の経験の中に織り込まれている電流です。

私は占星術との関係を深めるにつれて、学ぶ側からガイドとなり、占星術の癒しの特性を人と共有したくなりました。実際、クライアントとのセッションで最も大きな変容をもたらすものは、常に最も苦痛を伴うものでもあります。私はクライアントに、セッション中にできるだけ現実を見るようにすすめています。ですから、オリビアが自分の不倫について相談したいと尋ねてきた時、「ふさわしい場所にいらっしゃいましたね」と答えました。

1984年12月18日、午前8時26分、ニューハンプシャー州ポーツマス生まれのオリビアは9年前、26歳の時にボストンのバーでアンドリューに出会いました。当時、アンドリューは駆け出しのジャーナリストで、オリビアはロースクールに通っていました。二人はともに情熱的で熱狂的な野心家だったので、交際から1年もたたずに結婚した時、誰も驚きませんでした。それから間もなくオリビアは妊娠し、一人息子のデクスターをもうけました。

急展開した人生に、彼女は「妻と母」という役割を本当に望んでいるかどうか、考えもしませんでした。友人たち（特に男性）が高収入の弁護士になるのを見ながら、オリビアは家に縛られて息子と夫の世話に追われていました。彼女はそれを認めるのが恥ずかしかったのですが、本当は自分の状況に腹を立てていたのです。オリビアは閉じ込められたように感じていました。

デクスターが2歳になった時、アンドリューとオリビアは役割を交換することにしました。アンドリューは家にいる時間を増やし、オリビアは仕事に復帰することにしたのです。オリビアは一流企業に就職し、順調に出世していきました。彼女のキャリアが急成長したことで、家族との時間が減りましたが、彼女の収入のおかげでアンドリューはさらに軽めのフリーランスの仕事に転職することができました。

デクスターが4歳になる頃には、オリビアはプロフェッショナルとして活躍していました。彼女は自分の仕事に満足していましたが、周囲から家庭よりキャリアを優先させていると批判されることを恐れていました。

オリビアの恐れはますます強くなり、オフィスでは家族の話をしなくなり、ついには結婚指輪をしなくなりました。アンドリューがそれを嫌がるのはわかっていたので、毎朝出勤すると指輪を外して財布に入れ、家に帰る時だけつけるようにしたのです。それは一種の儀式のようなもので、彼女にとって仕事の始まりと終わりの合図でした。他意はなく、「ただ、集中力を保つのに役立つんです」と言いました。

しかし、彼女は10月のその夜、つまりアンドリューを裏切った最初の夜、指輪をつけていなかったことが事態を加速させた可能性があると自覚していました。週末に職場のみんなで地元のバーに集まって、くつろいでいました。この1か月はストレスが多かったこともあって、全員がいつもより少し多めにお酒を飲んでいました。

オリビアの同僚たちはバーの中で散り始め、気がつくとオリビアはまったく知らない人と会話をはずませていました。トニー？　トミー？　オリビアは名前を思い出せませんでしたが、彼が建築会社で働いていることは知っていました。その後、彼らはバーを2軒はしごし、街角で雑にキスをして市庁舎の裏で乱暴なセックスをしました。

その夜、オリビアは家に帰りませんでした。彼女はよろめきながらオフィスに戻り、そこで数時間眠りました。建物内のジムが開くと、すぐに彼女はシャワーに身を投げてすすり泣きました。「なんてことをしたの……」

朝9時頃、テキーラの悪臭がまだ肌からにじみ出る中、帰宅した彼女は、アンドリューに真実を話す覚悟をしました。オリビアはひざまずいて許しを請い、どうしてなのかわからない、家族のためだったら何でもする……たぶん家にいない時間が長すぎたのかもしれない……喜んで仕事も辞めると説明するつもりでした。

「ごめんなさい……」と彼女は言いかけましたが、言い終わらないうちにアンドリューが彼女の頭にキスをしました。

「アドビル（鎮痛剤）でも飲んでろよ、この飲んだくれ」と、アンドリューはからかいました。

「デクスターが見せたいものがあるって。きっと嫌がるよ」

オリビアは、息子が自分で組み立てた鍋やフライパンの山の上でドラムソロを演奏するのを見て、動揺していました。アンドリューは気づいていないの？　彼は否定していた？　彼も他の人と寝ていた？　今となってはどうでもいいことなの？

それから数週間、オリビアは家にいる時間を増やしました。最初は不安で疑心暗鬼でしたが、最終的にはアンドリューがその夜のことを知らないという事実を受け入れました。

彼女はその秘密を葬り去るつもりでしたが、1年もしないうちに、また同じことが起こりました。今回はコンサルティング会社のエディとでした。そして9か月後、小学校教師のロジャーと再会しました。彼女は前にロジャーと何度か会っていて、一度だけホテルで夜を過ごしたこともあります。家に帰るたびに、アンドリューとデクスターはまったく動揺していない様子で、すべてが何事もないかのように見えました。

「これって普通じゃないですよね？　これでいいの？」

オリビアの声からは絶望の苦しみが聞こえました。

「いいえ、繰り返してはいけません」と私は言いました。「でも、大丈夫。私たちにはやるべき仕事があるだけだから」

プロの占星術師として長年働いてきた私は、何千もの話を聞いてきました。同様に、私はクライアントが非常に困難な状況を乗り切るのを手伝ってきました。オリビアのチャートを見ると、彼女の太陽は射手座の第12ハウスに入っています（チャート8）。これまで占星術師たちは第12ハウスをあまりいい意味に捉えてはいません（もっとも、ほとんどの古くさい占星術の記述は、かなり宿命論的なものです）。私の手元にあるぼろぼろの1967年版『A to Z Horoscope Maker and Delineator』（初版1910年）では、ルウェリン・ジョージが第12ハウスを次のように説明しています。

〝秘密の敵の裏切りや迫害、束縛、欠乏、貧困、無知、病気から生じる苦難、悲しみ、自己破滅を表します。それは、誘拐、中毒、密売、アヘン取引、密輸、脅迫などを意味します。それは、監獄、病院、その他の矯正施設、拘留施設、または自由が制限されている囲いのような場所を支配します。第12ハウスは、オカルトや精神の秘密の働きに関連し、策略、陰謀、詐欺、騙し、悪だくみ、秘密結社、謀略、強迫観念をも示しています〟

私は第12ハウスをそのようなすげない言葉で表現することはありませんが、この領域が世界のすきまを表していることは事実です。それは、私たちがある旅から次の旅への移行を準備しているチャートの領域にあり、同様にこのハウスは、死、中毒、浮気など、陰に存在するすべてのものにつながっています。

現代心理学が登場する以前は、第12ハウスは課題だらけの場所でした。結局のところ、「自己破滅」に関連する領域に誰が移動したいと思うでしょうか?

しかし、メンタルヘルスへの理解が深まるにつれて、第12ハウスは心理学への並外れた洞察を与えてくれることがわかってきました。確かに、私たちは第12ハウスで人生で最も困難な現実の多くを経験しますが、同時にこの領域で私たちの豊かな多元性に気づくこともできるのです。**悲しみ、癒し、そして自身の深層心理を鍛えることを学べるのが、第12ハウスなのです。**暗闇に目を慣らしていくと、宇宙の広大な星の海を真に理解することができるのも第12ハウスです。

第12ハウスに、人生の最も困難な状況が格納されているのには理由があります。サイクルの

チャート8

オリビア

1984年12月18日
午前8時26分 EST

アセンダント　山羊座
月　蠍座
太陽　射手座

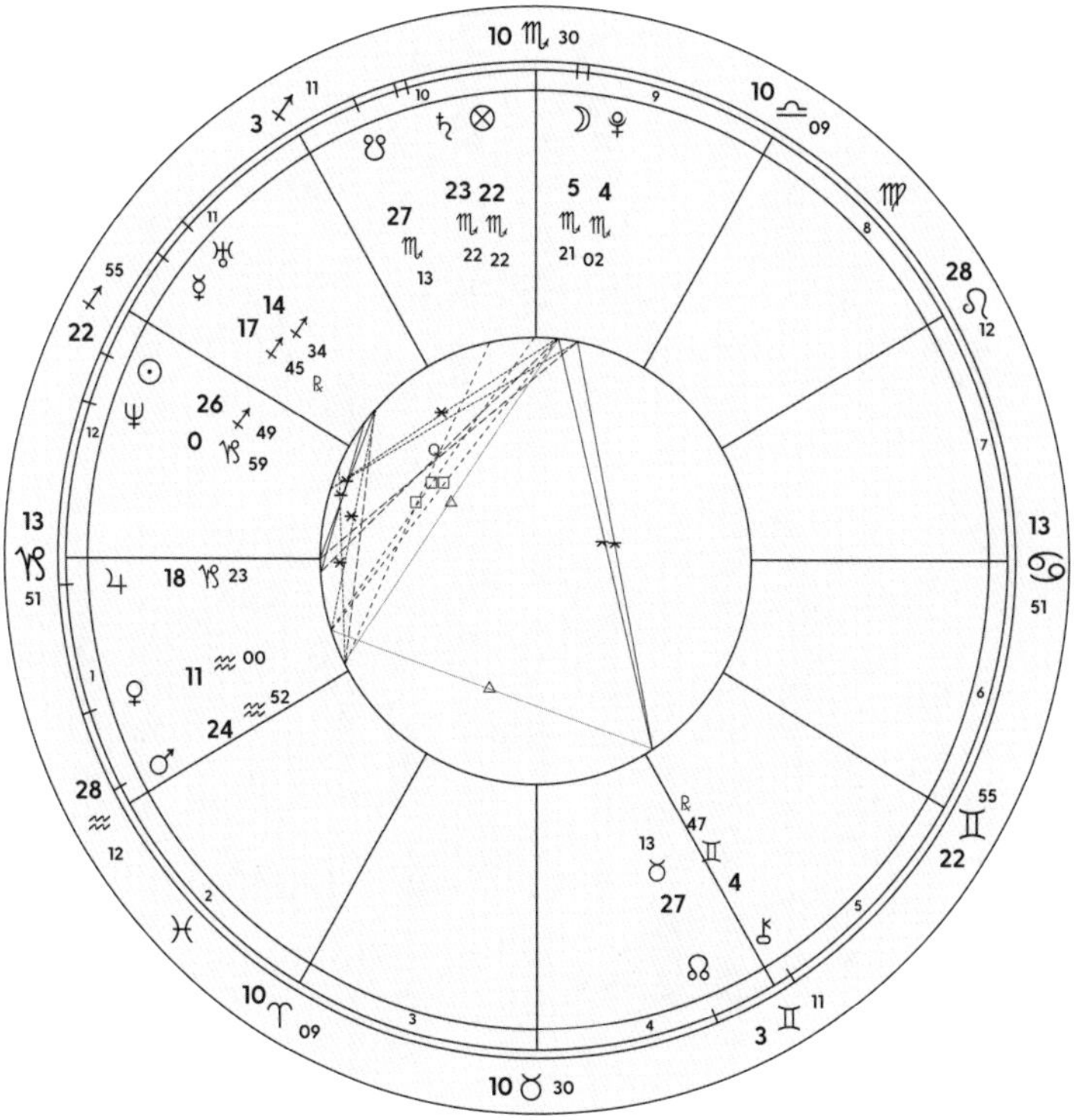

ニューハンプシャー州ポーツマス
43N04, 70W46

TLT 8:43
ST 14:32:19
プラシーダス

☉太陽　☽月　☿水星　♀金星　♂火星　♃木星　♄土星　♅天王星　♆海王星　♇冥王星
♈牡羊座　♉牡牛座　♊双子座　♋蟹座　♌獅子座　♍乙女座　♎天秤座　♏蠍座
♐射手座　♑山羊座　♒水瓶座　♓魚座　⊗パート・オブ・フォーチュン　⚷カイロン
☊ドラゴンヘッド　☋ドラゴンテイル　℞逆行

最終段階では、勇敢に自分の痛みに立ち向かう必要があります。身内の死、人間関係の解消、または人生の重要な章の集大成など、どんな場合でも感情的な経験をすることになります。**痛みを力に変えるには、自分の感情を最大限に受け入れなければなりません。**

★

時間と星を通して、私は「人生とは感情である」と学びました。自分の感情、そしてその感情を感じ取る力が、日々の経験をつくり出します。これが、本書で私たちが内的（アストラル界）と外的（物質界）の両方に取り組む理由です。知覚と現実の間にはフィードバック・ループがあり、自己実現のためには、その流れに積極的に乗る必要があります。ここまでで、否認がマニフェステーションの宿命的な敵であることがおわかりいただけたでしょう。

最高の目的を達成するためには、正しく導かなければなりません。あなたが積極的に痛みをともなう状況に対処する時には、痛みを陰から光の下に移すことで、選択肢を含め、すべてをより明確に眺めることができます。でも、人生の最も深刻な問題に立ち向かう時には、事実を直視するのは困難です。問題に正面から向き合うよりも、自分をまひさせて、何も悪いことはしていないふりをするほうが簡単です。

対処が必要な痛みを無視すると、問題を大きくしてしまうことになります。その問題は監視されていないことで、エネルギーを吸収し続け、暗闇の中で成長してしまうのです。この問題は心に穴をあけ、強度を増し、より多くの秘密を生み、最終的にはあなたの精神をのみ込んでしまいます。

嫌な話ですが、マニフェステーション・カフェでこれを可視化するのに最適なたとえは、ネズミの侵入です。小さなネズミが1匹いるだけなら、経営者はその問題を無視し、食事客が気づかないことを望むかもしれません。

しかし、この問題を放置しておくと、ネズミはどんどん繁殖していきます。最初はレストランの一角で、ネズミは壁の周囲を静かに走り回るだけかもしれません。でも、何もしなければ、彼らはレストラン中にはびこり、椅子やテーブルの下を駆け回り、お客や衛生検査官を恐怖に陥れるでしょう。もちろん、カフェはこのような不衛生な状態での営業は続けられないので、適切に処置されるまで、無期限の閉店です（つまり、内的にも外的にもマニフェステーションは起こりません）。

興味深いことに、蠍座とその現代の支配星である冥王星は、ネズミのまん延や配管の問題、さらに石油、石炭、ダイヤモンド、および地下に生息するあらゆるものと寓話的に関連付けられています。第8ハウス（セックス、死、変容に関連する）は、人生の深い感情的な探求が要求される領域を表す蠍座、冥王星と同じテーマを持っています。そして、誰もがバースチャートに全サインと星、ハウスを持っているので、これらの配置は陰があなたにとって何を意味するかについての貴重な洞察を与えてくれるでしょう。

オリビアのバースチャートを見ると、彼女の月と出生時の冥王星が蠍座でコンジャンクションしていて、彼女のミッドヘブンからわずか数度の距離にあることに気づきました。冥王星は、占星術における天体の中で最もゆっくり移動し、軌道を一周するのに248年かかります（興味深いことに、アメリカは2022年2月に最初の冥王星回帰を経験することになります―本書執筆時点では、それが何を意味するのかはわかりません）。冥王星の影響は集団レベルで感じられる「トランスパーソナル（超個人的）なもの」として経験することになるでしょう。1983年11月から1995年11月の間に生まれた人は冥王星が蠍座にあり、これはミレニアル世代とほぼ完全に一致する占星術の印です。TANC（偶然はない）。

冥王星は非常に遠い天体であるため、その具現化は個人的な惑星とのアスペクトを介して行われます。また、オリビアの蠍座の月は、彼女の感情的な内面を表し、蠍座の冥王星（長期的な変容の象徴）につながっており、蠍座のミッドヘブン（チャートの最も高い位置にあるポイントで、長期的な遺産を示す）と結び付けられます。これらの変革のテーマが彼女の人生においていかに深いものであるかが明らかになりました。

また、オリビアのアセンダント[注13]が山羊座13度にあることから、2014年から2015年にかけて、冥王星が山羊座をトランジット（通過）する（つまり、冥王星がリアルタイムで空を移動する）ことが彼女のアセンダント（社会的性格を表す）にあったことを意味します。冥王星は非常にゆっくり移動するため、バースチャートのアンギュラーハウス（第1、第4、第7、第

10ハウス）を横切る動きは、ハウスの機能（それぞれアイデンティティ、ルーツ、パートナーシップ、レガシー）に関連する人生の激しい変化を強化します。

これにより、トランジットする冥王星が彼女のアセンダントを横切って移動することで、彼女のバースチャートの月、冥王星、ミッドヘブンの一団が活性化し、これらの天体が彼女の物語に途方もない力を及ぼしていると判断したのです。

オリビアの物語を通して、彼女の強迫的な行動は、精神的風景の中にある深く抑圧された感情の物質的な表れであり、それを長く放置すればするほど悪化することが明らかになったのです。「冥王星の問題」（占星術師のドナ・カニンガムが1986年の著作『Healing Pluto Problems（冥王星の問題を癒す）』で使った造語）は専門家の介入を必要とするため、形而上学的な作業に加えて、私はオリビアにセラピスト、特にセックスと恋愛の依存症を専門とするセラピストとのカウンセリングをできるだけ早く受けるように提案しました。

「アンドリューに言わないといけませんか？」とオリビアは尋ねました。

「あなたはこれを明るみに出す必要があるでしょう」と答え、私は続けました。

「あなたのバースチャートによると、この旅は最終的に非常に力強く、あなたの個々の現実を超えた癒しの可能性を秘めていることを知ってほしいのです」

多くの場合、私たちは自分の最も深い傷を癒す過程で、強力なテクニックを学び、そのテクニックを使って他の人々を助けることができると、私は説明しました。

そして、これはオリビアに限らない、普遍的な真実なのです。問題を無視しても解決しません。問題を解決するには、限りない勇気を持って真実に立ち向かわなければなりません。その粘り強さによって、私たちは独自のツールやスキル、専門知識を発見し、それは世界に伝えることができる特別な贈り物となるのです。

「傷ついた人は人を傷つける」という格言は真実です。もし私たちの痛みが対処されず、陰で膿《う》んでしまえば、有害なサイクルを永続させることになります。しかし、つらいことが表面化した時、**傷ついた人は人を癒すことができるのです——もちろん、彼ら自身とともに。**

「オリビア、正直なところ、あなたのチャートは困難な経験について話したがっていると感じます。あなたは荒れた海を航海していて時間がかかるでしょうから、どうか自分自身に辛抱強くあってください。でも、その先であなたが今、直面している問題と同じ問題に取り組んでいる人たちと力を合わせることになるだろう、と私は心から信じています」

「そう言われて、興味深く感じます」とオリビアは答えました。「というのも、もしかしたら、私の母と彼女の男運の悪さに関連しているのかもしれないと思ったからです。私の母はいつも最低の男と付き合っていて、彼女に連れまわされることは非常にストレスでした。それが私にとってどれほど大変だったかについて母と話したことはなかったのですが、それについて書き留めておくべきですか？」

「間違いなく、それは素晴らしいことです」と私は言いました。

★

自己実現とは、履歴書を書き連ねることではありません。これは最上級のリストではありませんし、自分の偉大な功績を丁寧にまとめたスクラップブックでもありません。あなたの可能性は、あなたの生涯を通じた経験――喜び、悲しみ、成功、失敗――によって広がります。確かに痛みから逃れることはできませんが、それらの感情が私たちを前進させる原動力にもなるのです。

深く潜れば潜るほど、より高く上ることができます。混沌としたもの、怒りに満ちたもの、壊滅的なものなど、あらゆる感情を受け入れてみてください。次は、あなたが陰を導き出すのを助ける2つのマニフェステーションです（それぞれアストラル界と物質界で実行されます）。自分の感情と真につながるということは、それらをすべて感じることです。困難なことも含めて、自分の経験を全部受け入れることができれば、自分の最高の目的を尊重した、力強い選択ができるようになります。

結局のところ、あなたが必要とするすべての答えは内側に存在しています。あなたの強さはこの人生を超えるものであり、宇宙全体の支柱なのです。

復習

◇困難なことも含めて、自分の経験をすべて受け入れることが、自己実現に不可欠なステップ。
◇癒しの旅は、自分の痛みを認めた時に始まる。
◇第12ハウスは、感情の多次元性を理解するのに役立つ。
◇冥王星、蠍座、第8ハウスは陰に光を当てるように誘う。

挑戦のためのマニフェステーション

内的（アストラル界）

毛糸の玉

占星術師として働く上で最も興味深いことの一つが、クライアントは鏡であるということです。私もセックスや恋愛に苦しんだことがありますが、私のアセンダントは山羊座12度なので、オリビアの話には共感しました。同じように、冥王星が第12ハウスから第1ハウスへ移動したことで、私の人生は大きく変化しました。この時私は、これまで必死にまひさせてきた痛みにようやく向き合い始めたのでした。

この変容の前、私は感情をほとんど制御できていませんでした。客観的に見れば困難な状況でも、無理やりくぐり抜け、弱音を吐くことはありませんでした。しかし、ほんのささいなきっかけで追い詰められ、完全に壊れてしまったのです。

占星術の素晴らしい点の一つは、でたらめを即座に見抜くことです。星からは隠れられはしないのです。私が占星術を真剣に学び始めた時、自分のエネルギー的な閉塞感が明らかになりました。私は自分の人生という混沌とした山に登る必要があることはわかっていましたが、どこから手をつければいいいか、まったくわかりませんでした。そこで私はアクセス可能な心の痛みを入口として取り組み始めました。メンターの助けを借りながら、この痛みを引っ張り出し、問題の根源を掘り起こそうとしたのです。

すると、いつの間にかすべてがほどけ始めていました。この終わりのないように見えるもつれたひもには、何年にもわたって蓄積された複雑なトラウマや失望、恐怖、弱さが結びついていました。私は大人として対処していたつもりでしたが、実際には傷ついたインナーチャイルドに支配されていたのです。そして私のインナーチャイルドは多くの愛を必要としていました。その層が一つずつ明らかになるにつれて、まるで初めてその痛みを慰めるかのような気持ちになりました。それは深遠な経験でした。

このエクササイズは「**毛糸の玉**」と呼ばれますが、まさに文字通りです。自分の感情とつながり、この領域の奥深さを探るために、毛糸玉をほどいてみてください。

まず、心の目で入り込みやすい入口を見つけます。それは、強烈な感情的反応の引き金となった出来事や経験かもしれません。例えば、最近の破局、きょうだいとの激しい口論、仕事での金銭的失望など。入口を選んだら、糸の端を見つけ、芯までたどります。糸を手でなぞりながら、浮かび上がってくる記憶、感覚、感情を記録してください。

あなたはもつれた糸が時系列ではないことに気づくかもしれません。例えば、最近あった別れの際に、中学時代の初恋を思い出し、大学時代に経験した裏切りを思い出し、9歳の時の両親の口論を思い出すかもしれません……。感情は物質界のルールにのっとってはいないので、思いがけないかたちで表面化するのです。

完璧に詩的なこの手法には終着点がありません。毛糸玉の中心に到達したとしても、もつれをほどかなければならないものがまだまだあることに気づくでしょう。この作業は生涯にわたって続くプロセスです。でも、このエクササイズはあなたの感情的な風景に気づきを与え、アストラル界で強力なつながりをつくるのに役立ち、あなたの感受性のすべてをリアルタイムで経験することを可能にするでしょう。どの感情になじみがありますか？　なじみのないものはどれですか？　何かテーマやパターンはありますか？　驚くような記憶はありましたか？

このエクササイズは、自分の感情との健全な関係をはぐくむための、穏やかながら非常にインパクトのある方法を提供してくれます。忘れないでください――生きることは感じること。私たちがアストラル界での体験をすればするほど、人生はより生き生きとしたものになるのです。あなたは今ここにいて、気づいているのですから、ただ存在しているという信じられないような魔法を祝福してください。それは本当に奇跡的なことです。

挑戦のためのマニフェステーション

外的（物質界）　手を差しのべる

子供の頃、私はお泊まり会で最後まで眠れないタイプの子でした。それは苦痛に満ちた経験でした。

いつも同じでした。最初、友人たちは起きていようと誓い、〝徹夜する〟覚悟を決めていました。でも、深夜に映画を見ていると、ある時点で不気味な沈黙に気づくのです。テレビの光に照らされた彼らの顔を見ると、なんと目を閉じているではありませんか。いつも私は心からの叫び声で友達を起こしました。「ずっと起きてるって約束したじゃない！」。彼らは一瞬目を覚ました後、あの悪名高い言葉を返したのです。「ちょっと目を休ませているだけ」と。その時、私はその夜のお泊まり会が終わったことがわかりました……ただし残念なことに、私の孤独な夜はまだ始まったばかりなのです。

問題は、私が最後に眠りについたことではなく、何時間も起きていたことです。包まれるような孤独感を今でも鮮明に覚えています。友人のアパートを忍び足で歩きながら、見慣れない環境に身を置くと、世界で自分だけが目覚めているように感じました。誰も私の陰鬱《いんうつ》な意識に共感してはくれないのです。

感情的なものであれ、スピリチュアルなものであれ、または状況的なものであろうとも、私が困難に立ち向かう時、この感覚を思い出します。困難に取り組んでいる時、誰にもあなたの痛みが理解されないような、完全に孤立した感覚に陥るのは普通です。ある意味、それは真実です。あなたのバースチャートのように、この人生で直面する困難は、他に類を見ないあなただけの個人的なものです。

そのため、あなたの個人的課題は、自分にとっての現実に特有のものと感じられ、誰も自分の悲しみを理解できないと思い込んでしまうかもしれません。そして、孤独と相まって、あなたの精神的苦痛はさらに大きくなり、克服できないと感じ、最終的には自分の感受性から完全に距離を置いてしまうのです。

しかし、痛みは共有されるものでもあります。

あなたが誰であろうと、どこから来た人であろうと、人生のどこかの時点で深い悲しみを経験するでしょう。客観的に見て「つらい」旅もありますが、現実に対するあなたの認識は、あくまであなたの意識の範囲内にあります。多くの点で、痛みは世界共通言語なのです。

私が「**手を差しのべる**」と名付けたこのエクササイズは、自分のあらゆる感情とつながるために考案された外的マニフェステーション法です。このエクササイズを行うには、困っている人を助けることで、自分の視野を広げる必要があります。フードバンク、放課後プログラム、老人ホームなどでボランティア活動をするのは、このエクササイズを有効に活用する素晴らしい方法です。

私がこのエクササイズを気に入っている理由の一つは、個人的な経験がそのまま残るからです。このエクササイズは、あなたが現在どのように自分の感受性を管理しているかに関係なく、まったく別の次元の感情を探求するように誘います。視野を広げ、ミクロ（個人）とマクロ（集団）の両方のレベルであなたの感情を処理できるようにします。

さらに、あなたの感受性は、実際に思いやりへの導管となり、さらに宇宙的な大きな探求が完結することになります。占星術は（それに応じて意識も）、共感の実践なのです。自分自身の感情と調和することで、自分の立ち位置を超えて広がるサイクルへの架け橋をつくります。

現在あなたが困難に直面しているかどうかにかかわらず、手を差しのべることは、感情的な風景とのつながりを深める素晴らしい方法です。自分の複雑な感性に息苦しさを感じるのではなく、感情が現実を超越していることを証明するものなのです。確かに、あなたの感情は混沌としていて、不快かもしれません。でも、この強烈な感覚を通してのみ、他者をサポートして、より大きな善と、集合意識に触れることができるのです。このエクササイズを通じて、あなたの個人的な真実が、人類の構造の中にきちんと組み込まれ、過去、現在、未来の星を見つめる仲間たちと結びついていることがわかるでしょう。あなたの感情は、実は宇宙への通路なのです。その広がりを楽しんでください。

真実は１つではない、
ただ無限にあるのだ。
@alizakelly

第8章
直感が教えてくれる

「直感力を養うにはどうしたらいいですか？」

「私はエンパス（他人の感情に共感しすぎる人）ですが、
それはサイキックということですか？」

「どうすれば直感をコントロールできますか？」

「幽霊を見たらどうしたらいいでしょう？」

直感には意味がある

占星術は非常にテクニカルなものです。星や惑星は、純粋に数学的な観点から探求でき、座標や幾何学チャート、ホロスコープは論理的に精密に描かれます。私は若い頃は、その具体性が占星術の実践を正当化しているかのように感じていましたが、感情を排除した科学である天文学は、占星術の実践とは一線を画しているのです。

時がたつにつれて、占星術は神秘主義によって生かされていることがわかってきました。占星術は、深く複雑で変幻自在なスピリチュアリティ（精神性）への入口です。宇宙はあなたが持つ宗教性を高めたり、崇高なものとのまったく新しいつながりをはぐくんだりすることもできます。占星術は、俗人である私に、自分の直感を信頼し、サイキック能力を強化し、意識に意味を見出す力を与えてくれました。

この章を始めるにあたり、あなたにとってスピリチュアリティとは何か、日記や心の目で考えてみてください。正解も不正解もありません。季節の移り変わりのように、あなたの中に答えを流してください。結局のところ、あなたは自然の延長なのです。自分自身に変身する許可を与えてください。

◇最後に直感を点検したのはいつですか？

◇私の直感は時間の経過とともにどう変化しましたか？
◇私の直感はどのような点で変わりませんか？
◇最後に自分の直感を理解できると感じたのはいつですか？
◇最後に自分の直感が理解できないと感じたのはいつですか？
◇自分の直感とつながるために何が役立ちましたか？

直感を活用する

おめでとうございます！　あなたはこの旅の最終段階に到達しました。さあ、学んだことをすべて統合し、実践をさらに拡張する時が来ました。この章では、点と点を結び付けて、あなた自身の美しく照らされた星座を作り、あなたの現実と運命の中に存在する、あなただけの星団を特定することについて説明していきます。

私たちの人生、つまりすべての経験は個人的なものですが、それらはすべて集合的な意識のサイクルの中に組み込まれています。私たち一人ひとりが、存在のエネルギーの流れの中で重要な役割を担っているのです。バビロニア人が自分自身を星に投影し、その存在を永遠に刻み込んだように、私たちは占星術を使って自分自身の無限の魔法を理解することができるのです。あなたの意識に境界線はありません。アストラル界が絶え間なく拡大しているように、あなたが望めば、夢みる限り現実を拡大することを選べます。

占星術の最も重要な原則、またはあらゆる形而上学的実践は、次の強力な奥義の公理に組み込まれています――「上なる如く、下も然り。内なる如く、外も然り」。

言い換えれば、現実のある領域に存在するすべてのものは、別の領域にも発生します。もちろん、あなたはすでにマニフェステーションの実践を通じて、この格言通りのことを行ってきました。アストラル界でのあなたの思考は、物質界で現実となります。

実際、これらの次元は完全に調和して共存しているため、あなたは自分が何をするかだけでなく、何を吸収するかについても非常に注意深くならなければいけません。なぜなら、たとえあなたが気づいていない時でも、外部からの刺激は常に、あなたの経験をエネルギーレベルでかたちづくっているからです。

バースチャートには、サイキックパワーを示すさまざまな配置がありますが、占星術のすべての事柄と同様に、惑星だけではサイキック能力を持つ人を判断することはできません。通常、サイキック能力の有無は、会話を通じて見抜くのが最も簡単です。

初めてのセッションでのザリナは不安そうでしたが、それはまったく普通のことで、「私も今でも、先生が自分のバースチャートを見る時には緊張しますよ」と伝えました。「とても心もとなくなりますから。それに、何か怖いことを言われるんじゃないかと思ってしまいますしね」。

「そうなんです！」ザリナは叫びました。

「でも、心配しないで。占星術はそういうものではありません。少なくとも、私の占星術は。占星術は仲介者にすぎず、自由意志によるのです。私があなたのチャートから伝えるのは、ものの見方です。惑星があなたの現実とどのように関わっているかを見て、そこからは特定の出来事やテーマがより大きなサイクルにどう関係しているかが理解できます。ここまではわかりますか？」

彼女は「ええ」と答え、私たちは先に進みました。

１９９３年６月29日午後５時３分、テキサス州エルパソ生まれのザリナは、穏やかで柔らかい口調の女性でした。彼女のバースチャートを見ながら、私は彼女の性格、家族関係、そして非常に繊細な精神のさまざまな側面を観察しました（チャート9）。私は彼女にどのくらいの頻度で直感を働かせているかを尋ねました。

ザリナはため息をつきながら、「私は自分の直感が嫌いなんです」と言いました。

占星術師としてたくさんの話を聞いてきましたが、自分の直感が嫌いというのは初めてです。

ザリナに説明を求めました。

「そうですね、私の直感が働く時にはいつも問題が起こるのです」

ザリナは子供の頃、寝室に入るたびに枕が裏返しになっていたので、家に幽霊がいるのがわかっていたと言いました。でも、そのことを母親に話すと、「作り話はやめなさい」と言われたそうです。それから間もなく、彼女が窓の外を見ると、父親が見知らぬ車に乗り込むのが見え、その運転席には女性がいました。そこでザリナはまた母親に話したのですが、この時母親はさらにザリナを傷つけました。「この嘘つき！」と言ったのです。

そのため、ザリナは家の中で起こったこと（照明の明滅、奇妙な音、刺激的なにおい）や家の外で起こったこと（父親が夜中に出かけて酔って家に帰ってくる、父親が兄に暴力を振るう）を母親に話すのをやめました。ザリナは母親を怒らせたくなかったのです。こうして彼女は何でも秘密にしておくようになりました。

ザリナは、予感についても話してくれました。親友の妊娠、自分のアパートが強盗に入られることもわかっていました。そして、祖母がいつ亡くなるかも。

「ザリナ」と私は言いました。「あなたはサイキックみたいね」

ザリナは笑いました。「まさか、つまらないことを知っているだけです」

〝サイキック〟という言葉には多くの汚名が着せられています。多くの人にとって、それは怪しげなビジネスを暗示しているように思えるのでしょう。私は店頭でのサイキックに初めて出くわした日のことを覚えています。当時4歳か5歳くらいの私は、両親と一緒にブロードウェイを歩いていました。あたりは暗かったので、夕食をとって家に帰る途中だったに違いありません。私は独立心旺盛で、両親より100メートルほど先を走っていたので、一人で散歩しているふりをすることができました。

私は感覚を研ぎ澄ましていました——都会っ子だったので、どんな場所にも危険が潜んでい

チャート 9

ザリナ

1993 年 6 月 29 日
午後 5 時 3 分 MDT

アセンダント　蠍座
月　蠍座
太陽　蟹座

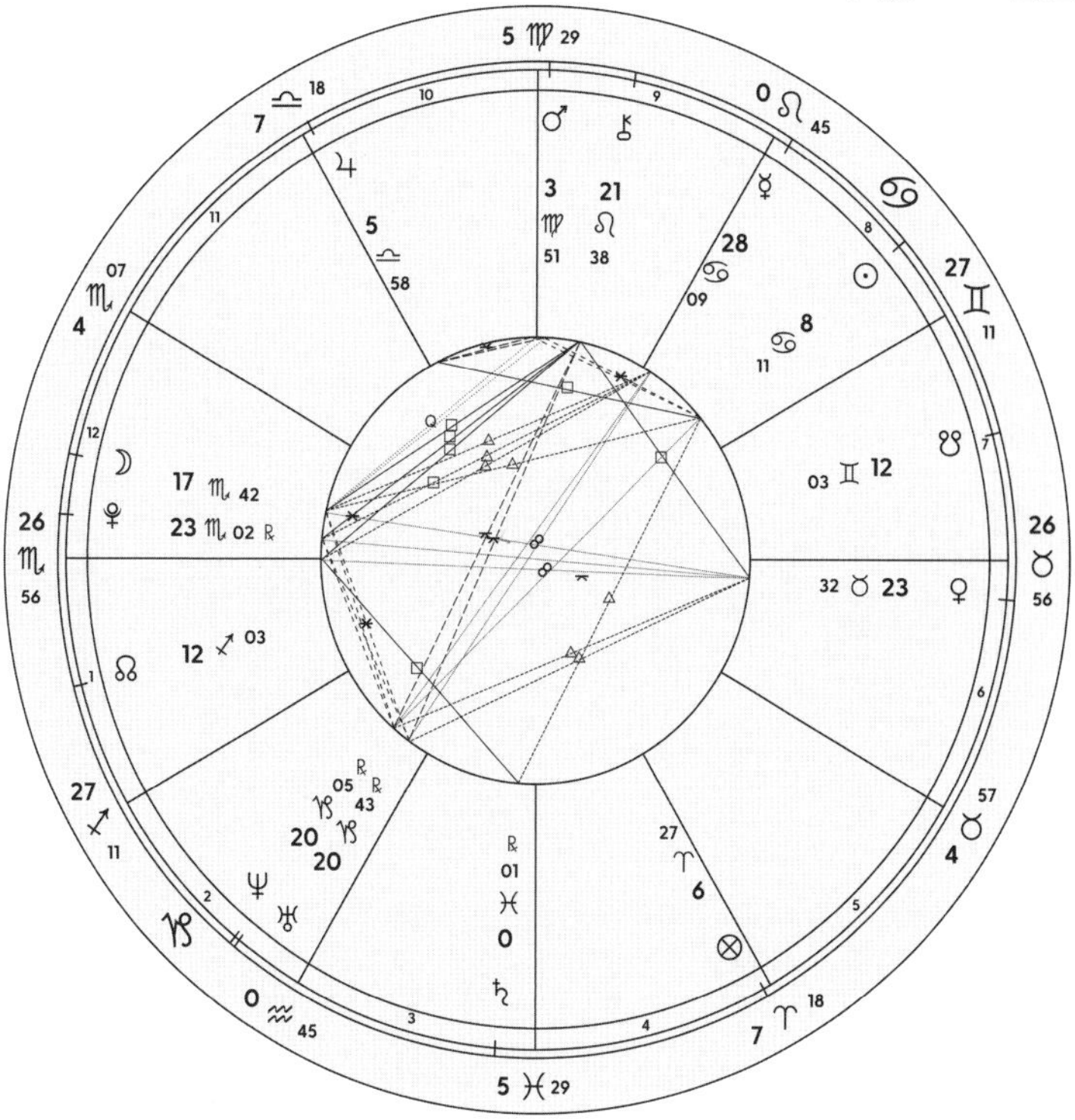

テキサス州エルパソ
31N46, 106W29

TLT 15:57
ST 10:29:11
プラシーダス

☉ 太陽　☽ 月　☿ 水星　♀ 金星　♂ 火星　♃ 木星　♄ 土星　♅ 天王星　♆ 海王星　♇ 冥王星
♈ 牡羊座　♉ 牡牛座　♊ 双子座　♋ 蟹座　♌ 獅子座　♍ 乙女座　♎ 天秤座　♏ 蠍座
♐ 射手座　♑ 山羊座　♒ 水瓶座　♓ 魚座　⊗ パート・オブ・フォーチュン　⚷ カイロン
☊ ドラゴンヘッド　☋ ドラゴンテイル　℞ 逆行

ることを知っていたのです。だから気をつけなければならず、見知らぬ人とは絶対に話しませんでした。でも、同年代の男の子が駆け寄ってきて挨拶をしてくれたので、私も挨拶を返しました。大人は危険ですが、子供は安全でしょう?

彼は「遊ぼうよ」と言い、わずか3メートルほど離れた建物を指さしました。通りから少し下へ階段を2段降りると、1990年代初頭独特のネオンバイオレットの光が、大きくてきれいなガラス窓から通りまで照らしていました。

床から天井まで届く鏡、黒いフェイクレザーの椅子、アンティーク調の壁紙の記憶がかすかにあります。それから、母が私の名前を叫び、父に抱き上げられたことを覚えています。そう、私は迷い込んで困っていたのですが、そういう場所は危ないとも言われました。

やがて私はその光る看板「PSYCHIC」の意味を学び、その言葉から危険を連想するようになりました。長い間、その言葉に出くわすのは、店の窓に光るネオンサインを見る時だけでした。ですから20代前半で占星術を探求し始めた時でさえ、私はまだ潜在的に「サイキック」なものに眉をひそめていました。

形而上学的な領域に傾倒していくにつれて、私は完全かつ完璧な誠実さによってのみマニフェステーションが実現することを学びました。結局、自分が欲しいものを認めなければ、欲しいものを手に入れられはしないのです。しかし、それだけではありません。このわかりやすさは、物質界の真実を認めるだけではなく、純粋に直感の中に存在する真実、つまりアストラル界での真実を認めることでもありました。私たちのサイキックパワーを。

私たちは〝サイキックパワー〟を〝ニューエイジ〟のスピリチュアルなレンズを通して解釈するかもしれませんが、人間の超感覚的な能力は、実はＤＮＡの中に埋め込まれています。それは生存本能です。他の動物が無数の感覚を使って危険を察知するように、人間もさまざまなスキルを使って周囲を理解し、潜在的な脅威をスキャンしているのです。

外的感覚（視覚、聴覚、嗅覚、味覚、触覚）は、物質界を理解するのに役立ちますが、物質界を超えて存在する真実を扱うのに役立つ情緒的な感覚もあります。直感は生まれながらにして持っているものです。直感は物質界とアストラル界の間を常に流れており、重要な洞察を明らかにし、単に情報を提供するだけでなく、あなたのマニフェステーションの実践を増幅する能力を持っています。同様に、おそらくあなたの生来のサイキック能力を活用することが自己実現において最も重要なのです。

直感とスピリチュアリティに関して言えば、私は海王星（ネプチューン）に注目します。**太陽系の端で自転している遠い惑星、海王星は、想像力、創造性、ファンタジーなど、説明のつかないものすべてを表しています。**ギリシャ神話の海の神ポセイドンにちなんで名付けられた海王星は、水（未知なるもののシンボル）を使った力学で作動し、変化を生み出します。海王星の魔法には濃い霧が含まれており、適切な状況（例えば、霧のかかった公園を散歩している時）では、魅惑的でロマンティックなものとなる場合があります。

ただし、条件が悪い場合（例えば、夜、風の強い崖の道を運転している時）、海王星のあいまいさは恐ろしいもので、命に関わりさえします。海王星は境界や制限、合理性をなくしてしまいます。しかし、入れる枠がなければ、サイキックな叡智は別の原則に固定されなければなりません。インスピレーション、思いやり、誠実さが超越を支える柱です。

サイキック能力はほとんどの場合、それほど驚くべきものではありません。サイキック能力があるということは、物質界の通常の境界を超えた感覚的な能力があるということです。ただし、「普通との境界線」の定義は、まったく別の問題です。自分の感覚が他人よりすぐれているかどうかは、どうすればわかるのでしょう？

結局のところ、誰もが空を同じ青色として見るとか、シナモンの香りはいつもノスタルジーを感じさせるとか、足音で誰かの気分がわかるとか、私たちは自分の周りの世界が標準的だと信じるように仕向けられているのです。でも、そうではありません。

一人ひとりの現実が違うように、直感的な能力も一人ひとり違います。例えば、エネルギーを帯びたクリスタルや愛する人の持ち物を持つなど、物質的なものを介してサイキックな情報を受け取る人もいるし、画像のイメージからアストラル界的洞察を〝ダウンロード〟する人もいるかもしれません（写真を見るように）。日々の状況に次元の深みを加える〝知っている〟という感覚を経験する人もいるでしょう。

実際、誰もがこの世界で異なる経験をしているので、私たちはサイキックな才能を経験する方法をすべて知ることはできません。

超感覚的な才能は人によって大きく異なるので、自分のサイキック能力を測るには、個々の才能の〝強さ〟を知るのがよい方法でしょう。これを行うには、自分の能力をスペクトラムでイメージするのがいちばんです。このスペクトラムを視覚化するために、4人の友人がレストラン「マニフェステーション・カフェ」で夕食を共にすると想像してください。

最初にアシュリーが到着すると、支配人に自分の名前を告げ、予約されたテーブルに案内されます。席に着くと、喉がとても渇いていることに気づきます。幸いなことにテーブルには水のボトルがすでにあるので、グラスについで一口飲みます。

次にボビーが到着します。ボビーは店に入るとすぐに、支配人が携帯電話に気をとられていることに気づきました。インスタグラムを見たり、スクリーンショットを撮ったり、メッセージを送ったりしています。ボビーは、支配人はいつも、これほど注意散漫なのだろうかと思います。それとも何かあったのか？　けれど、すぐに支配人はボビーに気づき、彼女を迎え入れました。ボビーは座ってアシュリーに挨拶し、メニューを確認します。

その直後、3人目のキャシーが到着します。受付に着く前に、彼女には周囲の情報が過剰に入ってきています。支配人が電話で話していて、ウェイターは互いにぶつかり合い、誰かが不快なほど大きな声で会話しています。キャシーはその声の主が4人組の男性客のうちの一人で、全員がスーツを着ているようと気づき、これはビジネスミーティングに違いないと判断しました。

「彼はいつもあんなに威圧的なのだろうか?」と、彼女は疑問に思います。突然、支配人が「いらっしゃいませ」と挨拶し、キャシーは現実に引き戻されます。予約してあることを告げると、支配人は彼女をテーブルまで案内します。

「こんばんは」と言いながらキャシーは席に着きます。

「あそこにいる男性の声が聞こえる? とても無神経な人ね……」

他の二人はそれまで気づいていませんでしたが、「そういえばかなりうるさいね」。

最後に、4人目のドーラがレストランに入ってきました。ドーラは店に足を踏み入れた瞬間、動き、音、光、においなど、さまざまな刺激に圧倒されます。彼女は瞬時に、すべての客のエネルギー、レストランスタッフの複雑な力関係、叔母の料理を思い出させる刺激的な香り、そして天井の焦げた梁《はり》の数々のイメージを感じ取ります。ドーラはこの空間のエネルギーに電光石火の速さでつながり、悲しみの波が押し寄せるのを感じます。

そうです、かつてこの建物では火事があったのです。ドーラは、電話中の支配人と話すのは嫌なので(彼女が誰かの噂話をしているのがわかるのです)、受付を通りすぎて、友人たちのところへ行きました。

「こんにちは、ドーラ! 大丈夫? 少し動揺しているように見えるけど」と、キャシーはグラスに水を注ぎながら尋ねます。ドーラは大丈夫だと言い、遅刻を謝ります。

この例では、アシュリーとボビーは〝普通〟の範囲の感受性を示しています。アシュリーは自分の知覚によって経験するため、彼女が受け取る刺激は、彼女自身の差し迫ったニーズに直結しています。ボビーは、自分の置かれた環境に対してもう少し微妙な反応を示しています（例えば、支配人が携帯電話に気をとられている理由を考えるなど）。その観察は依然として彼女特有の意図によるものです。

一方、キャシーとドーラは、はるかに高いレベルの感受性を示しています。キャシーの意識は自分の現実を超越し、自分の物語を超えたところにある周囲のディテールに気づきます。キャシーは並はずれて敏感でありながら、その能力を物質界に統合することができるのです。むしろ彼女は仲間の感受性を拡張し、より多くの感受性を仲間が引き出せるように促しています。

ドーラのスピリチュアルな感受性は底知れないものです。彼女は自分の身近な環境（横柄なビジネスマンなど）だけでなく、別の次元に存在する状況にも反応していました。刺激があふれ、領域の境界があいまいになります。ドーラの会食は、単に友達と久しぶりに会うというものではなく、もっと微妙なニュアンスを持つ経験なのです。

キャシーとドーラは、生まれつきサイキック能力を持っていると言えるでしょう。これは、アストラル界と物質界の間に有機的な流れがあり、それが彼らの現実認識に影響を与えているということです。ただし、これはアシュリーとボビーにはサイキック能力がないという意味ではありません。おそらく、彼らの直感はその状況下で発揮されなかったか、レストランに行くなどの日常的な活動で感情的にならないように、サイキック能力を管理することを学んだのでしょう。

自分の超感覚的な能力を管理する方法を学ぶことで、アストラル界と物質界が統合される、これがまさに自己実現の最終段階と言えるのです。自身のユニークな才能を活用することで、すべての領域がどのように密接に関連しているかがわかります。私たちのサイキック能力を活用することで、点と点を結ぶことができるようになるのです。

サイキックな感受性を安定させることで、過剰なエネルギーによる負荷がかかりすぎることなく、重要で微妙なディテールを拾い上げることができるようになります。独自のサイキック能力を養い、それらが自分に不利に働くのではなく、自分のためになるように働いているのを確認することは、精神衛生の管理に不可欠です。しかし、他の自己実現プロセスのあらゆる側面と同様に、あなたの直感を働かせるには積極的な意識が必要になります。

私はクライアントとの個人セッションを通じて、クライアントのサイキック能力が〝壊れている〟と感じるのは非常によくあることだと知りました。

直感から完全に切り離されているのではないでしょうか？　あるいは、サイキック・チャンネルを通じて受け取るエネルギー的な情報の洪水の調整の仕方がわからないのでしょうか？この本で取り上げているすべてのトピックと同様に、あなたの生来の感覚的な才能は微調整できるとお伝えできるのを、うれしく思います。思いやりのある好奇心がこのプロセスの第一歩なのです。

★

ほとんどの人は幼少期にサイキック能力を身につけます。時には、深い直感力を持つ人（親族や親しい友人）が、直感の働かせ方を教えてくれ、私たちの超感覚的体験と物質界との間につながりをつくるのを助けてくれることもあります。信頼できるメンターのもとで直感をはぐくむのは素晴らしいことですが、残念ながら、それはかなりまれなことです。

私たちのほとんどは、環境条件に応じて直感を発達させています。私たちの意識の基盤に埋め込まれ、物質界とアストラル界の間の絆を確立するのです。

私たちの成長期には、本当の意味での責任も、自由もありません。家族を選べないのと同じように、環境も選ぶことはできないのです。そのため私たちは、周囲の環境に適応できるように、直感的なスキルを身につけます。

幼い子供は、より多くのことに気づき、より多くを見て聞いて、より多くを感じるようになります。声の響きで父親の機嫌を察知したり、唇の曲がり方で母親が怒っているかどうかを推し測ることができます。微妙なディテールと感情の間に相関関係が生まれると、生まれつきの並はずれた敏感さが、現実を形成する独自のフィードバック・ループを洞察する、超感覚的なスキルに変化していくのです。

このような条件を通じて、人はしばしば〝エンパス（共感力の高すぎる人）〟になります。ここで、共感を働かせることと、エンパスであることとの違いに注意することが重要です。共感する時、私たちは感情的なレベルで他者と関わることを選択します――共感には主体性が必要です。一方、エンパスは、他人の感情を自分が感じたもののように受け取ってしまう人を指しています。

同様に、多くのエンパスは、混沌として、敵対的、または混乱した環境の副産物です。母親がいつもお酒を飲んでいたり、父親が不在だったり、あなたが常に批判されたりしている理由を理解するために、つまり、あなたの現実を受け入れるために、深い感情的なつながりを形成しなければならないような環境です。

興味深いことに、エンパスとナルシシストは同じ軸上に共存し[注14]、興味深い相関関係にあることがわかります。自分の感受性を高めて、他者の内的体験を感じてしまうエンパスになるような困難な状況が、その人にナルシシズムを生じさせることもあります。他人を感情的にコントロールしようとし、誰かが近づきすぎるとすぐに壁をつくるような――。状況によってエンパスがナルシシストになることもあれば、ナルシシストがエンパスになることもあります。もしあなたがこのような資質を持っているなら、感情のコントロールが不可欠です。これは日々の実践や儀式を通じて精神を強化し、心理学やスピリチュアリティの専門家と協力することで達成できます。

なお、このようなスキルを身につけるために、子供時代に特別なトラウマを負う必要はありません。大人になったあなたは、ある種の生い立ちがいかに悲惨で、機能不全に陥り得るかを知っていて、それに比べれば、あなたの経験はさほどではなく思えるかもしれません。でも、子供の頃にはその視点がありません。あなたの現実はあなたの意識が生み出したものにすぎず、つまり、あなたの超感覚的な能力は、あなたの個人的なものの見方を反映するために培われたものなのです。

従って、あなたが今、自分の幼い頃の環境が比較的正常であったことに気づいたとしても、母親が学校に迎えに来るのが遅れた時に感じた太陽の光や、ダンスの発表会に来られなかった父親が目を合わせなかった様子、または車の中で両親が口論を始める直前に吐き気がしたことなどのように、あなたの直感は依然として個人的な経験に基づいて構築されているのです。

★

超感覚的な能力は、人類の進化の一部です。あなたの直感は本物です。それは常に現実なのです。しかし、さらに複雑なことに、私たちは自分のサイキック能力に挑戦するような反応をされることがあります。

「あなたは感受性が強すぎる」
「それはあなたの想像です」

「何も問題ない――すべて大丈夫」

同様に、私たちは目に見える真実だけに価値があると信じるように条件付けられています。幽霊は偽りのもので、痛みは肉体的なもの、サイキック能力は幻想にすぎないと教え込まれているのです。これらのメッセージは私たちが生まれながらにして持っている直感と矛盾し、その結果、私たちの才能をゆがめてしまうのです。

例えば、ザリナの母親は彼女のサイキック能力を否定しただけでなく、その能力を嘲笑しました。同様にザリナも自分の直感との関係がぎくしゃくしていました。ザリナにとって、この超感覚的な能力が呪いのように感じられたのも無理のないことです。

さて、直感はサバイバルスキルとして機能するため、サイキックな感覚がトラブルとなることが多いのは事実です。しかし、超感覚的な能力は単なる「危険信号」ではありません。**私たちにとって、サイキック能力を活用するための最初のステップは、これらのギフト（才能）が実際に存在し、複雑なものであることを単に受け入れることです。**あなたのサイキックな感覚は、あなたの現実の延長であり、一度直感との関係を強化すれば、ポジティブな状況にもネガティブな状況にも活用できます。

そう、あなたは危険を察知することもできるし、喜びや賞賛、チャンスにつながることもできます。自分が正しい方向に進んでいること、そして自分の最高の可能性を発揮できるようになったことがわかるのです。なぜなら、結局のところ、あなたのサイキック能力は、あなたが自分で創り出した現実に反応しており、これらの超感覚的なギフトは、物質界に存在するあらゆる物体と同じものだからです。他の人があなたのサイキックなフィードバック・ループを理解していなくても、あなたは常にそれが何を意味するかを知っています。

従って、自分の直感を他人が検証してくれることを期待すると、別の大きな精神的ブロックが発生します。私たちは自分たちの超感覚的な観察が、現実に根ざした何かを検出したという証拠——因果関係を特定しようとするかもしれませんが、その確証が得られることはまずありません。例えば、今にして思えば、ザリナの母親は明らかに否定的で、ザリナの直感を認めれば、自分の受け入れたくない事実と向き合わざるを得なくなることがわかります。しかし、子供はこの心理的なニュアンスを読み取れないので、代わりに自分の感受性を表現するのを恥じたり、罪悪感を抱いたりすることになるのです。

残念ながら、これは子供時代だけで終わる話ではありません。大人になっても、自分のサイキックな感覚を対人関係で実証できないことがあります。時には、たとえ明白な証拠が得られなくても、自分の直感を完全に信頼することが必要です。

私は幸運にも、2009年の海外留学中に、この教訓を身をもって学ぶことができました。ローマに留学していた私は、同じプログラムで留学中の男性カイルとデートをするようになりました。最初に互いを「ボーイフレンド」「ガールフレンド」と呼んでから約3週間後、カイルと私はそれぞれの週末の予定があってローマを離れました。当時はまだスマートフォンは珍しく、国際データ通信料も非常に高かったので、私たちアメリカからの留学生のほとんどが携帯電話を使っていませんでした。ですから、金曜の朝にカイルと別れると、日曜の夜にローマで再会するまでは連絡を取れないのです。

プラハで友人のサミーに会った時、私たちは一晩中、自分の計画、新しい友人、そして留学中のロマンスについて話しました。サミーに私たちがどれだけ楽しんでいるか、数週間前に正式な「恋人」になったばかりであることを伝え——私はカイルのことにとても興奮していました。その夜、私は彼にちょっとしたお土産として装飾された栓抜きを買いました。とてもかわいらしいものでした。

しかし、翌朝、私は少し……違和感を覚えました。何が変わったのかはわかりませんでした。疲れているわけでもなく、二日酔いだったわけでもなく、ただ変な感じがしたのです。その日はサミーと素晴らしい午後を過ごしましたが、私はカイルの話をする気がどんどん失せているのに気づきました。夕方には、彼を話題にするのも嫌になっていたのです。

「カイルと何かあった?」。夕食を終えようとした時、サミーが尋ねました。

「ううん、ないけど」と、私はきつく言い返していました。「彼とは話してないし」

夜が更けるにつれ、私はますます不安になってきました。サミーと二人でバーからバーへとはしごしながら、私の悪い予感は膨らみ続けました。そして、カイルへのプレゼントをバッグから取り出しました。洗面所で化粧を直しながら、わざと置いてきたのです。サミーと宿に戻るまで、私は涙をこらえていました。

サミーのフライトは朝早かったので、私たちは簡単な朝食をとると、彼女が空港に向かう前に別れを告げました。一人になった途端、私は泣き出してしまいました。空港に向かう途中も号泣、飛行機に乗る時も号泣でした。

飛行機が着陸した時も、タクシーを拾って寮に戻る時も泣きじゃくっていました。寮に着くとすぐに、1970年代半ばのままの昔ながらのダイヤル式固定電話から、友人のジョシーに電話をかけました。彼女はすぐに電話に出てくれました。

「ジョシー、アリザよ」私の声は震えていました。「こっちに来てくれない？　私、本当に動揺していて、その理由がわからないの」

「ええ、もちろん」彼女は余計なことは聞きませんでした。「2分で行くから」

階段を上る彼女の足音が聞こえると同時に、私は玄関のドアを勢いよく開けました。マスカラが頬に流れ落ちている私を、ジョシーは両腕でしっかりと抱きしめました。

「本当にごめんね」と彼女は息を吐きました。自分の気持ちを認めてもらえたようで、とてもうれしかったです。……でも、ちょっと待って……何？

ジョシーの腕を宙に浮かせたまま、私は一歩下がりました。

「何を謝っているの？」

私は尋ねました。ジョシーの腕が横に下がりました。彼女も一歩下がりました。

「えっ、なんで泣いてるの？」と彼女は尋ねました。

「なぜ泣いているのかわからない……。週末ずっとひどい気分だったの……」と私は答え、彼女が手で口を覆っているのを見ました。

「どうしたのジョシー？」

「私……私……あなたが泣いていたから知っていると思ったの」

「何があったの？　どうしたのジョシー？」と私はもう一度尋ねました。

「その……カイルがあなたに話すと約束したから、私も話そうと思う」

私の心は沈みました。

「アリザ、彼はあなたを裏切ったのよ」

ジョシーはそれ以上話そうとしないので、私はダイヤル式電話のところに歩いて行き、カイルの部屋にダイヤルしました。

彼が電話に出ると、私は寮の中庭で会おうと言いました。顔を洗い、化粧をして、階下に向かいました。彼を見た瞬間、私は彼が嘘をつくとわかりました。カイルは、私にどれほど会いたかったか、どれだけ寂しかったかを話し始めました……満面の笑みを浮かべて、私へのお土産のベルギー・チョコレートの箱を抱えて。

私が土曜の夜のことを尋ねた時、彼は不意を突かれたと言えば十分でしょう。そして何を考えて他の女と寝ようとしたのかを説明してもらおうとしました。最初、彼は否定しました。自分のモラルや美徳を、そして自分は浮気者ではないと、長々と語り続けました。そして、何時間かたった後、彼は怒りの矛先をジョシーに向け始めました。

「彼女はどうしてお前に言うんだ？ 彼女にそんな権利はない！」

私はカイルに、ジョシーは教えてくれなかったけど、遠くの人から聞いて知っていたと言いました。土曜日の朝、彼が誰かとイチャイチャしているのがわかったし、土曜の夜、実際にそうなったのもわかりました。彼は私を信じないと言いました。私が何かがおかしいと感じただけだと？ 連絡すらしていなかったのに！ そんなのわかるわけがないと。

でも、カイルを説得する必要はありませんでした。彼の意見は問題ではありませんでした（つまり、彼と別れることは明らかでした）。本当は、私の直感だけで何が起こったのかわかっていたのです。私のサイキックの感覚はとても強力で、彼に騙されているという具体的な証拠を受け取る前に、すでにロマンスの終わりを嘆いていたのです。

この経験の価値を理解するのに、それほど時間はかかりませんでした。もしあの時、私が泣いてジョシーに電話をかけなかったら、あるいはジョシーがカイルの嘘に気づいていなかったら……、それらの状況がその正確な順序で展開されていなければ、私は真実を知ることはなかったでしょう。カイルは何事もなかったかのようにふるまっていただろうし、私がプラハで抱いた恐ろしい感覚も説明がつかないままだったでしょう。

ありがとう、ＴＡＮＣ。その夜、留学中の友人たちにこの話をしているうちに、私の気持ちは軽くなりました。もう自分の直感を疑う必要はない、自分のサイキック能力は決して私を失望させない、と思ったのです。

★

あなたの超感覚的な知識は常にあなたをサポートしてくれます。しかし、だからといって、悪い予感がするたびに、すぐに振られたり、解雇されたり、事故に巻き込まれたりするのでしょうか？　いえいえ、そんなことはありません。直感と不安を混同してしまうと、もう一つの精神的ブロックが発生します。

簡単に言えば、**不安は直感ではありません。**最初は似ているように思えるかもしれませんが、不安と直感はまったく異なるエネルギー的体験です。幸いなことに、一度これらの感覚を区別する方法がわかれば、自分の生活の中で簡単に区別することができます。

サイキックな洞察は思いがけずやってきます。実際、直感はややランダムに見えるかもしれません。それはどこからともなく襲ってきて、爆発や波のようにあなたの意識の中を転がるのです。直感が特に顕著なのは、そのメッセージがしばしば感覚的なチャンネルを通じて表れる時です。サイキック言語に精通していても、直感は色、音、におい、味、または感触などに表れることがあります。

直感は、腰の痛みであったり、青い色であったり、どこからともなく頭に浮かぶ古い歌であったりします。あなたがどれだけサイキック能力に精通していても、これらの経験には常に体系化された性質が存在します。

捕食者が獲物の鳴き声を真似するように、不安は直感の啓示的な性質を真似します。しかし、直感とは異なり、不安はどこからともなく現れるものではなく、プレッシャーのかかる状況に反応して感じるものです。不安は反応にすぎません。

例えば、あなたが恋人に正直な弱音をメールで送信したとします。いつもならすぐに返信がくるのに……その時はいつもよりもずっと長い時間、返事を待つことになるのです。誤解されるようなことを言っていないか確認するために、自分の文章を何度も読み返し始めるでしょう。メッセージは伝わった？　わかってくれた？　私のことが嫌いなの？　この混沌とした瞬間を例に、あなたの直感が大きな問題を示唆しているのかを考えることができます。あなたはサイキックな瞬間を過ごしているのでしょうか？

いいえ——直感はこのような不穏な状況では現れません。その破壊的で堂々巡りする思考は、自分自身を知っているかのように見せかける恐怖なのです。鳴り響く不安のサイレンは、直感の優しいうねりを常に圧倒します。不安な心があらゆる最悪のシナリオを想定することで、サイキックが出現する余地をなくしてしまうのです。

この本を通して、あなたは自分が完全な宇宙であることを発見しました。星々を探索すると、あなたの現実がいかに宇宙の広がりを映し出しているか、またその逆もしかりだとわかります。この美しい形而上学的な太陽系の中では、小宇宙と大宇宙が互いに連鎖し、それぞれが無限の宇宙サイクルの中に完璧に収まっているのです。そして、こうした複雑なシステムのすべてを支えているのは、みっちりと織り込まれたエネルギーの網です。

人間の身体では、すべての筋肉、骨、神経、動脈、静脈、および内臓（心臓、肺、脳、脊髄を含む）が筋膜という薄い層で包まれており、文字通りあなたをつないでいます。このコラーゲン繊維の網は、頭からつま先まで途切れることなく存在し、すべての独立した身体部分をつないで、全体としての集合体を形成する解剖学的ネットワークを形成しています。メッセージは筋膜を通って流れ、ある空間から別の空間へと経験を伝えます。生物学的にいえば、エネルギーがリアルタイムに移動するのです。

生命力の流れという概念は、世界中の文化に見られます。伝統的な中国医学の「気」、ヒンズー哲学の「プラーナ」、古代エジプトの「カー」などです。これらの名称は、生命の本質、つまり自然界に存在するあらゆるものを結びつける強力な流れを表しています。私の占星術では、これをエネルギーと呼んでいます。

エネルギーは、あなたの皮膚の下にある筋膜に電気を流し、初デートで視線を合わせさせ、インクのような海の波、そして宇宙で爆発する小惑星を刺激します。エネルギーは目に見えるものだけでなく、目に見えないものもすべてを活性化し、私たちの存在のすべての面を照らします。

マニフェステーションは、私たちがアストラル（内的）レベルと物質（外的）レベルの両方でエネルギーにつながることを助けてくれます。自分の意識の中で積極的な役割を確立することで、自分のエネルギーを特定し、活用し、最高の目的に向かって調整することができるのです。もちろん、あなたのマニフェステーションの結果は常に現実を反映していることに注意することが重要です。同様に、ダイナミックな意識を持って人生の各領域にアプローチする際には、正直さと透明性が絶対に不可欠です。望む人生を創造するためには、まず自分が望んでいるかどうかを認識する必要があります。

もちろん、あなたのマニフェステーションは他と隔絶された場に存在するわけではありません。そのため、サイキック能力が自己実現への道のりにおいて非常に重要な役割を果たしているのです。あなたは日頃から直感を信じるクセをつけることで、自分の潜在能力を最大化するために、エネルギーを変化させられることを知っているのです。

最終的に、あなたの超感覚的な能力は、あなたの中核となる真実に沿った、より良い、より思慮深い選択ができるように仲介する役割を果たします。従って、あなたがより広い環境とどのようにつながっているかを意識すればするほど、自己実現への最も明確なルートを特定しやすくなるはずです。

たとえブロックがあなたの直感をゆがめてしまったとしても、あなたの超感覚的な能力はあなたの宇宙、そして人間のＤＮＡの一部であり、最も複雑にからみ合った直感さえも解くことができます。少し手間がかかるかもしれませんが、サイキック能力の活用に役立つ、古くから伝わる素晴らしいエクササイズを２つご紹介します。

直感は筋肉のようなものなので、使えば使うほど強くなり、その能力に自信が持てるようになります。３６０度回転する宇宙体としての自分自身と調和すれば、３６０度回転する黄道帯やバースチャート、ライフサイクルと同じように、本来の自分が完全で完璧な存在であることがわかるでしょう。あなたが自分のサイキック能力とつながる時、あなたは単にあなたであることの神聖な魔法を受け入れる力を解き放つのです。

復習

◇直感とサイキック能力は生まれながらにして意識の一部である。
◇不安は直感とは異なるかたちで現れ、練習を重ねればこれらを区別できるようになる。
◇占星術は魂、精神、魔法を通して活性化される。
◇海王星はスピリチュアリティへの入口であり、知恵や思いやりをはぐくむ。

直感のためのマニフェステーション

内的（アストラル界）　色の調整

　お気に入りのソーシャルメディアをスクロールしていると、突然、なじみのある名前に出くわしたとしましょう。これはもしかして……。そうです！　それは、あなたがずっと気になっていた幼なじみだったのです！　あなたがその人にメッセージを送って、自分のことを覚えているかと尋ねると「もちろん！」と熱い反応が返ってきました。

　しばらくチャットで会話を交わし、互いに再会を喜び合いました。同じ街にいることがわかり、その週の後半に会ってコーヒーを飲もうと約束をします。あなたは会う日を心待ちにしています。子供の頃の話をするのが待ちきれません。長い間失っていた記憶の扉を開けることができるだろうかと考えます。今でも、昔、自分たちがクリエイティブなアイディアを交わし合えたことの楽しさをはっきりと覚えています。

　ついに、その日がやってきました。あなたはカフェに向かい、約束通り、正面の入口で友人を待ちます。しかし、顔を合わせた瞬間、どれだけ時間がたったかを痛感します。確かに前回遊んだ時からは多くの変化がありました。友達はもう小さな子供ではなく、大人です……あなたと同じように。

　席について話し始めると、変化は身体的なものだけではないことに気づきます。同じ人間でありながら、異なる人生を歩んできたこと、そしてその経験が、それぞれのアイデンティティに大きな影響を与えていることに気づくのです。あなたの旧友はよく知っている存在です。笑い声もまったく同じです。でも、ほとんどの点で、あなたがた二人はもうまったくの他人なのです。友人関係を築くには、ゼロから始めなければならないでしょう。

これは、まさに自分のサイキック能力と再びつながるプロセスとまったく同じです。直感がつかめなくなったり、自分のサイキック能力がいつも不発に終わったりしていると感じている場合でも、あなたは意識して時間をとることで自分の超感覚的な能力に今ここで出合うことができます。あなたの直感をこの幼なじみのように扱ってください。もちろん、直感はまだ認識可能です――それは初日からあなたの精神の一部だったのですから。しかし、現時点で良い関係を築くには、ゼロから始める必要があります。

このエクササイズは、あなたのサイキック能力の確固たるベースラインを確立するのに役立ちます。このアストラル（内的）界でのエクササイズは、**カラーコーディネーション**（色の調整）と呼ばれ、とても簡単です。直感力を鍛えるために、一日一回の練習をおすすめします。

まず、最近経験した単純明快な感情を思い浮かべます。例えば、苦手な同僚との腹立たしい会議、新しい恋人との深夜のセクシーなメールのやりとりなどです。次に、これらの経験とそれにともなう感情を連想させる色を選んでください（この例では、それぞれ黄色とピンク色を選んでみましょう）。

それぞれのエピソードを想像しながら、その場面にそれぞれの色のフィルターをかけたように心の中のスクリーンに映します。これを何度も繰り返すと、そのエピソードを振り返った時に、記憶全体がその色を塗られたようになります。

次に、同じような感情的な反応を引き起こしたエピソードをもう2つ選んでください。おそらく家主との意見の相違は黄色に、ロマンティックな肉体関係の記憶はピンク色となるでしょう。先ほどと同じように、この色を記憶全体に吹き込んで、2つの感覚が絡み合うように視覚化するのです。

つまり、色と感情を結びつけて、直感を呼び起こすことができるようになるのです。色と感情エネルギーとの相関関係を意識的につくり出すことで、直感との直接的なコンタクトが可能になります（この例では、黄色は煩わしさ、ピンク色はロマンスとしました）。

あなたのサイキック能力は、目の前の物質界の外に存在する事象に信号を送ることができるようになります。そのため、上司から「ちょっと話があるんだけど」とメールが来た時に黄色が表示されたら、この会話はいら立たしいものになるに違いないということがわかります。親友から「新しい隣人ができた」と言われた時にピンク色が表示されたら、彼女がその人のことをロマンティックに考えているとわかるのです。

このカラーコーディネーションは、練習を重ねることで、サイキック能力を発揮させる強力なマニフェステーションとなります。自分の直感を知り、言葉を使わない流動的な言語を発達させることで、あなたは超感覚的な能力を使って、最高の目的をサポートするインスピレーションに満ちた選択をすることができるのです。

直感のマニフェステーション

外的（物質界）

リモートコントロール

サイキック能力は形のないアストラル界に根ざしていますが、あなたはまた、形のある物質界を通じて直感にアクセスすることもできます。人生のすべての領域と同様に、ある次元が少し混雑していたり、またはアクセスできない場合に備えて、複数の入口を用意しておくことをおすすめします。物質界では、**リモートコントロール**と呼ばれるエクササイズを通じて、超感覚的な世界に入ることができます。

これは、アストラル界の概念を現実の中に根づかせるための、私のお気に入りのマニフェステーション・テクニックの一つです。このエクササイズを行うのに必要なのは、ポケットや財布の中に入れておけるオブジェクト（物体）だけです。このオブジェクトは形而上学的なルーツを持つもの（クリスタルやお守りなど）でも、日用品（ボタンやコインなど）でもかまいません。最終的には、オブジェクトに規定された神秘的な〝価値〟は、あなたの生来の力を引き出す導管にすぎないため、あなた自身の裁量にまかされています。

実際、どんなに魔法がかかったように見えるツールでも、あなたがそう思うからこそ魔法になるのです。ですから、このエクササイズでは、刺激的でダイナミックな（そして失うことのない）オブジェクトを選びますが、持っていない物を購入する必要はありません。

次に、このオブジェクトをサイキック・リモコンに変えます。これを行うには、まず「オン」と「オフ」のボタンを定義する必要があります。これは、表と裏、上と下、あるいは、2つのモードを切り替えるボタンでもかまいません。これらをどこに配置するにしても、「オン」はサイキックなメッセージに対してチャンネルが開かれていることを意味し、「オフ」はどんなエネルギー的な刺激も受けないことを意味すると決めてください。

この新しくプログラムされたリモコンをポケット、カバン、または小銭入れに入れて持ち歩き、さまざまな状況でこれらのモードを切り替える練習をしてください。

重要な商談の前にリモコンを「オン」にすれば、見込み客が何を求めているか、より深い洞察を得ることができるかもしれません。あるいは混雑した市バスに乗る前にリモコンを「オフ」にすれば、（比較的）平和で充実した乗り心地の中で、その日のことを振り返ることができることでしょう。直感を自分のものにできるようになると、世の中を違う生き方で歩んでいけるようになることでしょう。

リモコンは単にあなた自身の直感力の物質的な延長にすぎないので、心の中で「オン」と「オフ」を切り替えているうちに、やがてオブジェクトも何もなしに使えるようになります。サイキック能力は、自分の意識とは独立して存在しているように見えるかもしれませんが、超感覚的な能力もまた現実の延長線上にあるのです。

健全な方法で直感を働かせる練習をすれば、自己実現への旅で直感が役に立つツールとなります。サイキック能力を創造することで、あなたは内にある本質的な能力を取り戻し、最高の人生を送る準備ができているという強力なメッセージを宇宙に送ることができるようになるのです。

ブラックホールの知恵は
ブラックホールもまた
完全であるということです。
@alizakelly

第9章
これ以上のもの

ここで、この本を光の速さで消化した人も、各章を注意深く慎重に読み進めた人も、早速エクササイズを日常生活に取り入れた人も、最終章に到達したことになります。

これは終わりなのでしょうか、それとも始まりなのでしょうか？

私が情熱を傾けていることの一つに音楽があります。私は楽器と歌詞と深夜のジャムセッションに囲まれて育ち、月が魚座の私にとって音楽は栄養満点の食べ物でした。私は歌によってつくられたから魚座なのでしょうか？　それとも、音楽に最も直接的に関連するサインが、たまたま私の月星座だったというのはまったくの偶然でしょうか？　そう、ＴＡＮＣ。

私が初めてロキシー・ミュージックを知ったのは14歳の時で、彼らの名を冠した１９７２年の代表的なアルバムは、私の思春期にとって完璧なサウンドトラックでした。「ヴァージニア・プレイン」や「イフ・ゼア・イズ・サムシング」といった曲を繰り返し再生しながら街中を走り回り、タバコを吸いながらトラブルを探していました。

ロキシー・ミュージックの後期の曲も試しに聴いてみましたが、当時、それらの曲は心に響くものではなかったのをなんとなく覚えています。私には、アートスクールを卒業したばかりのブライアン・フェリーが〝今週の十代の反逆者〟といった尖った歌詞で自分の目的を確認し、孔雀の羽を身につけた若きブライアン・イーノがアナログシンセサイザーのダイヤルを反抗的に回して作り出す、ヤバい音が必要だったのです。

私が『アヴァロン』を聴き始めたのは、20代後半の土星回帰の時期でした。１９８２年にリリースされたロキシー・ミュージックの8枚目にして最後のアルバムですが、まったく別のバンドの作品であるかのように思えます。若々しいビブラート、快楽主義的な歌詞、傲慢《ごうまん》な実験性はなくなりました。その代わりに、『アヴァロン』はメランコリックで実存的で、率直に言って疲労感のあるムーディーなサウンドスケープを提示しています。

アルバムは「夜に抱かれて（モア・ザン・ディス）」で始まります。この曲は非常に複雑で、2つの正反対の解釈をもたらします。サビではブライアン・フェリーが〝これ以上のものはない〟と、全能に到達することについて歌っています。しかし、この曲は崇高なものへのオマージュなのでしょうか？　フェリーは真の満足に到達したのでしょうか？　これは完璧への頌歌《しょうか》なのでしょうか？　それとも砂の上に線を引いているのでしょうか？

おそらく「More Than This」がその境界線なのでしょう。〝more than this（これ以上）〟／〝there is nothing（何もない）〟という歌詞は、質問というよりむしろ声明です。「More Than This」は始まりなのか、終わりなのか？　私はその答えは両方だと思います。始まりであると同時に終わりを表しているのです。

2016年、自分の人生の断片を眺めていた時、自分もまた世界のはざまにいるのだとわかりました。私はまだ傷ついていて――すべてを理解しようとしていました。しかしその時、私は自分の真実を認めることは、すべてを受け入れることだとわかりました。亀裂や裂け目、ブラックホールも、全体の一部なのです。『アヴァロン』がスピーカーから流れる中、私はついに不快感の中に身を置き、流木のように感情が流れるままにしたのです。服従したのではなく、解放したのです。

この数年で私の人生は信じがたいほど飛躍的に変化しました。現実は意識の反映であることを日々思い知らされながら、私は、アストラル界（内的）と物質界（外的）の両方で、これらの次元が調和して絡み合っていることの確認作業を続けています。私は有毒な思考をツタウルシのように扱います。防護服に身を包み、根こそぎ掘り起こすのです。同様に、物質的な問題、例えば仕事上の失意や対人関係の問題に遭遇した時、私はそれを自分の精神に浸透させず、直接対処するのです。失敗したからといって、自分の人生すべてが失敗したことにはならないし、時間の知恵を見出すには忍耐が必要だということを自分に言い聞かせるのです。

これ以上のことがあるでしょうか？　ありませんよね。

あなたがこの旅でどこにいようと、あなたが自分の意識に気づいているという事実（もちろん、これはそもそもこの本を手に取るための神秘的な前提条件です――ＴＡＮＣ！）は、あなたがすでに正しい道を進んでいることを意味しています。

1　アブラカダブラ

「アブラカダブラ」という言葉はメディアではウサギを帽子から出したり、かわいいアシスタントを真っ二つにしたりする手品の描写でよく使われます。しかし、この言葉が実は古代の神聖な錬金術の呪文と関係があることをご存じでしょうか？　実際、この言葉は非常に古く、最初に文書に残されたのは２０００年ほど前と考えられています。[注15]

その語源がヘブライ語であれ、アラム語であれ、この難解な言葉は大まかに〝私が話すように創造する〟という意味に翻訳されます。つまり言葉は現実になるということです。マニフェステーションの実践を深めていくにつれて、ぜひこの概念を日常生活に取り入れてみてください。

あなたが言ったことはすべて現実になると知っていたら、あなたの言葉はどのように変化するでしょうか？　どのようにあなたの思考を変えるのでしょうか？

この強力で神秘的な言葉を通して、あなたがネガティブで自己批判的な発言を、どのように物質界でインスピレーションを与える、より志の高い発言に置き換えて、現実化していくのかを観察してみてください。

2　自分の魔法を信じる

これで、あなたは特定の意図をはぐくみ、アストラル界と物質界の間に架け橋をつくり、豊かさを受け取るために意識の配線を変更しました……それで、どうしますか？

人々が犯す最も一般的な間違いの一つは、自分のマニフェステーションを管理しきれないことです。〝監視されている鍋は決して沸騰しない〟という表現を聞いたことがあるかもしれません。信じられないかもしれませんが、魔法も同じです。占星術が一つの天体で定義されないのと同じように、あなたは一つのサイクルを移動しているだけではなく、何十何百の軌道が同時に発生しています。同様に、あるマニフェステーションは他のマニフェステーションよりも早く実現することがあります。

感情の変化は月の約28日の軌道に対応し、より複雑な意図（ビジネスの成功など）はより長い期間をかけて進行することがわかるかもしれません（例えば、拡大の惑星である木星は12年の軌道を持っているので、四分儀に分けると木星のマニフェステーションが展開するためには約3年かかります）。

もちろん、あなたのバースチャートは（現在の占星術のトランジットとともに）タイミングを計るのに役立ちますが、おそらくもっと重要なのは、不安、絶望、パラノイアによって引き起こされるマニフェステーションは常に望ましくない結果をもたらすということです。残念ですが、宇宙にも即効性のあるものなどないのです。でも、それが魔法なのです。

3　自分の明暗スケールを理解する

デッサンやモノクロ写真の授業を受けたことがある人なら、「バリュースケール（グレースケール）」という概念を知っているかもしれません。モノクロ画像に奥行きを出すには、「最も暗い暗部」と「最も明るい明部」に基づいて調整された、完全な色調範囲が必要です。ここで重要なのは、どんな図面や写真のバリュースケールも、それ自体に対して相対的なものであるということです。キャンドルに照らされた静物の絵でも、スタイリッシュなポートレートでも、グレースケールで作業する場合、画像には常に「最も暗い闇」と「最も明るい光」がそろっているのです。

私はこのことをよく考えています。バリュースケールとは「価値尺度」という意味でも私たちの個人的な「最も暗い闇」と「最も明るい光」は、私たちそれぞれの独自の経験によって調整されていますが、おのおの独自の明暗のスケールがあることを知っています。このスケールに道徳性を持たせ、ある出来事や経験を〝善悪〟と結びつけるのは簡単なことです。

しかし、例えばロバート・メイプルソープの精巧な花の写真や、カラヴァッジョのバッカスなどの芸術作品を見た時、あなたはその陰を非難するでしょうか？　いいえ、その画像が美しいのは、最も暗い闇を含むその奥行きゆえに美しいのです。

正直なところ、私たちは誰一人として楽な道を歩んできたわけではありません。最も暗い闇がなければ、人生は平坦で浅く、そして退屈なものになるでしょう。困難が苦痛であることは否定できませんし、失敗、悲劇、喪失、裏切りなどは本当にトラウマになるような経験ですが、それらは私たちに次元の高い活気を与えてくれます。

そして、その複雑さ、その色調の深さが、人生や芸術や花を本当に素晴らしいものにしているのです。ですから、あなたが前に進む時、障害は大きな全体像の一部にすぎないということを知っておいてください。塩が砂糖の甘さを引き立てるように、困難はあなたへの報酬を増幅するだけです。陰に栄養を与えましょう。

4　他人の成功に投資する

私はあなたの旅路にとても興奮しています。この本があなたの潜在能力を最大限に引き出し、想像を超えた豊かさを手に入れるきっかけとなることを心から願っています。そして、あなたと同じように、自己実現への扉を開ける人がたくさんいますように。もしかしたらソーシャルメディア上で、マニフェステーションの実践を賞賛する人たちに出会えるかもしれません。彼らとは変容の物語、ワクワクするようなキャリア開発についての最新情報、あるいは超音波の写真（赤ちゃんができたという知らせ！）を共有することになるでしょう。

そして、あなたもそれを望んでいるかもしれません。有害なサイクルを断ち切り、エネルギーを消耗する仕事から離れ、家族となるパートナーに出会う準備ができているのです。嫉妬心が湧きあがり、血管を駆け巡るのを感じることもあるかもしれません。

〝彼女はダサい髪形をしている〟

〝どうして私にはいいことが起こらないの？〟

それはそれでいいのです――ねたむのは人間だからです。しかし、他人と自分を比較するのは時間の無駄。自分が欲しいものを持っている誰かをねたむのは、まったく逆効果です。自分の欲望をネガティブなものと結びつけることで、あなたはうっかり、宇宙に混乱した複雑なメッセージを送っているのです……それが何を意味するか、おわかりでしょう。そう、残念ですが、マニフェステーション・カフェはあなたの注文を台無しにする可能性があります。何てこと！　でも、心配いりません。この感情的な経験に対処するための、もっと生産的な方法があります。バーチャルな世界であれ、現実世界であれ、嫉妬したくなるような人に出会った時は、自分の反応を好奇心で探ってみてください。

相手が持っているもので、あなたが欲しいものは何ですか？　物質的なものですか？　感情的なものですか？　それともスピリチュアルなもの？　可能なら、具体的にその情報を使って、自分のマニフェステーションを鍛えてください。嫉妬心であなたの真実を明らかにしましょう。ただし、これらの否定的な感情が、根深い傷（不安、不足、またはトラウマを含む）に由来するとわかった場合には、それらの根も掘り下げるようにしてください。おそらく、あなたの反応は相手への恨みとは無関係で、すべては自分自身を癒すことに関係しているのです。

そして、嫉妬心を主体性に変えるために、他の人の成功に投資してみてください。他人の成功と自分の幸せとの間につながりをつくると、文字通り、豊かさに対してより豊かな反応をするように、自分の意識がつなぎ直されます。現実的に考えて、これは非常に理にかなっています。結局のところ、私たちは自分自身の現実を創造しているのですから、周囲には十分すぎるほどの成功があることを信じてください。

嫉妬心が沸騰し始めたと感じたらすぐに、それが胸の中で透明な虹色の泡になるのを視覚化します。心の目で、あなたの体の輪郭を埋めるようにその泡が増え広がっていくところを想像してみてください。泡が湧き出していきます……湧き出していきます……そして、泡があなたの頭のてっぺんと足のつま先まで達したところで、破裂してキラキラ輝く金色のちりとなり、あなたの存在の隅々にまでくまなく愛と感謝に満ちた放射状の温かさを浸透させます。苦い思いはすべて喜びに置き換えられ、「いいね！」「承認」といったすべてが実行されます。

今、あなたは友人のために喜んでいるだけでなく、実際に彼らの旅に精力的に投資をしています。あなたは彼らの成功を望んでいて、そのゲームに参加しているのです！

5　これがあなたの運命です

火とガソリンのように、占星術とマニフェステーションの組み合わせは爆発的です。組み合わせることによって、あなたはすべての次元で豊かさを生み出し、非常に強力な方法であなたの人生を変革することができます。この可能性をどのように探求するかはあなた次第です。その可能性は無限です。でも、あなたが前進し続ける時、あなたは全体（マクロコスモス）の一部（ミクロコスモス）であることを忘れないでください。

この本が、あなたの自律性とつながるだけでなく、思いやり、優しさ、共感力を広げる力になることを願っています。覚えておいてほしいのは、あなたは常にあなたが与えたものを手に入れるということです――他人を助けることで自分自身を癒してください。償うことで豊かさを実現しましょう。ハートを持つことで愛を創造しましょう。

あなたは完全に唯一無二の存在であり、星と原子と精神でできた、オンリーワンのクラスターの一つです。ですから、あなたの真実に同調し、その特別な錬金術をあなたの魂から直接引き出してください。すべてであれ、そしてさらにそれ以上であれ。

これが始まりです。これがあなたの運命です。

11. 南中点あるいはMCとも呼ばれる、空の最も高い位置で、通常は正午前後。
12. 「アスペクト」とは2つ以上の天体がつくりだす「角度」を言う。
13. アセンダント（上昇宮とも呼ぶ）は黄道十二宮のうち、あなたの生まれた瞬間に東の空に昇ってこようとしている時のサイン（星座）を指す。
14. 心理学も占星術も人間の状態を扱っているし、占星術師は心理学の用語を使うことが多い。しかし、私がこれらの言葉を使うのは、性格の元型（アーキタイプ）を説明するためで、精神分析のためではない。
15. これはクイントゥス・セレヌス・サモニクス（ローマのカラカラ帝の医師）が、医学書『Liber Medicinalis』（通称『薬学書』）に記したのが最初である。錬金術師はこの言葉をお守りに刻み込み、逆三角形を作って癒しと保護をもたらすネックレスのように身に着ける（多くの魔術の伝統ではエネルギーを導くため四角錐や円錐が使われる）。

原注

1. 古代の死者哀悼の芸術。この悲しみの歌は、ギリシャ悲劇の聖歌隊に由来すると考えられている。
2. Tom Stoelker, "Shakespeare in Quarantine." Fordham News. April 21, 2020,https://news.fordham.edu/arts-and-culture/shakespeare-in-quarantine/.
3. Lynn Hayes, "William Shakespeare and the 'Grand Mutation,' "Astrodynamics!, September 6, 2007, https://www.astrodynamics.net/william-shakespeare-and-the-grand-mutation/
4. Aliza Kelly Faragher, "What This Week's Horoscope Means for You," Allure, August 21, 2017, https://www.allure.com/story/weekly-horescpe-weekof-august-21-2021
5. https://books.google.com/books?id=hI7h42YONQ0C&pg=RA5-PT6&lpg=RA5-PT6&dq=tycho+eclipse+1598+%22great+eclipse%22&source=bl&ots=pd-5GwsLqj&sig=ACfU3U1DgS29D0se0Wi2txhmoJqCAc0RgA&hl=en&sa=X&ved=2ahUKEwiF77n0zsPqAhX-oXIEHawBAdEQ6AEwAXoECAsQAQ#v=onepage&q=tycho%20eclipse%201598%20%22great%20eclipse%22&f=false
6. 西洋占星術（トロピカル方式）では黄道のサインは星座と同じ名前が付けられる。けれどもサインそのものは星座にあるわけではなく、空のある部分でしかない。数か月ごとにインターネットではNASAが発表した地球が移動したという話や新たな星座（へびつかい座）が見つかったとか、実際は星座が13あるとかの情報が流れている。しかし常に地球は移動しており（西洋占星術は固定システムで、地球の歳差運動に対応していない）、へびつかい座はずっと存在してきた（実際のところ、88個の星座が古くからある）。従って伝統的な西洋占星術では12星座のみを扱う。
7. 太陽星座による占星術（星占いまたはホロスコープ）は、人それぞれが生まれた時、その瞬間の太陽の位置に基づく。
8. ホラリー占星術はイエスかノーで答えられるように作られた占星術の一種で、学ぶのが難しいとして悪名高い独特な占星術。
9. これは私が、医学や心理学のプロではないとやんわり思い出させてくれることだ。心理学的ニーズはプロが扱うべきものであり、私の扱うフィールドは占星術的なものだ。
10. 太陽と月は両方とも「発光体」と呼ばれている。

［著者］

Aliza Kelly（アリザ・ケリー）

ニューヨークを拠点とする占星術師であり、コラムニスト、メディアパーソナリティ。ポッドキャスト「Star Like US」、Spotify「Astrology dating」のホスト。占星術を通じて人々の無限の可能性を刺激して自己実現できるように努めている。『コスモポリタン』の専属占星術師であり、毎月の星占いと宇宙に関するアドバイスのコラムは 7500万人に届けられている。『ニューヨーク・タイムズ』『ニューヨーカー』などの出版物、『ドリュー・バリモア・ショー』『トゥデイショー』などのテレビ番組で特集が組まれ、『ニューヨーク・マガジン』The Cutでは隔週コラムを連載している。著書に『The Mixology of Astrology: Cosmic Cocktail Recipes for Every Sign』『Starring You: A Guided Journey Through Astrology』がある。現在、夫と保護犬とともにニューヨーク在住。

［訳者］

島津公美（しまづ・くみ）

大学卒業後、公立高校の英語教諭として17年間勤務。イギリス留学を経て退職後、テンプル大学大学院教育学指導法修士課程修了。訳書に『エイブラハムの教えビギニング』『思考が物質に変わる時』『タロット　基本のリーディング大全』（いずれもダイヤモンド社）などがある。

最高の運命は自分でつくれる

——星が教える幸せになれる願いの叶え方

2023年9月26日　第1刷発行

著　者——アリザ・ケリー
訳　者——島津公美
発行所——ダイヤモンド社
〒150-8409　東京都渋谷区神宮前6-12-17
https://www.diamond.co.jp/
電話／03･5778･7233（編集）　03･5778･7240（販売）

カバー・本文デザイン—都井美穂子
カバーイラスト—©HIROKO KAIHO/amanaimages
編集協力——佐藤和子　野本千尋
DTP制作——伏田光宏（F's factory）
校正————三森由紀子　鷗来堂
製作進行——ダイヤモンド・グラフィック社
印刷・製本—勇進印刷
編集担当——酒巻良江

ISBN 978-4-478-11390-5